Sebastian Huber

Die Glückseligkeitslehre des Aristoteles und des hl. Thomas v. A.

Sebastian Huber

Die Glückseligkeitslehre des Aristoteles und des hl. Thomas v. A.

ISBN/EAN: 9783743667105

Hergestellt in Europa, USA, Kanada, Australien, Japan

Cover: Foto ©Lupo / pixelio.de

Weitere Bücher finden Sie auf **www.hansebooks.com**

Die

Glückseligkeitslehre

des

Aristoteles und hl. Thomas v. A.

Ein historisch-kritischer Vergleich.

Von

Sebastian Huber,

Dozent der Theologie und Präfekt im erzbischöfl. Klerikalseminar
zu Freising.

Freising 1893.
Dr. Franz Paul Datterer, Buchdruckerei.

Vorwort.

Dem unterzeichneten Verfasser wurde auf Grund dieser vorliegenden Arbeit von der hohen philosophischen Fakultät an der kgl. Akademie in Münster die Zulassung zur Erwerbung des Doktorgrades in der Philosophie erteilt. Die Schrift wird der Öffentlichkeit übergeben, um dadurch einer diesbezüglichen Vorschrift genannter Akademie nachzukommen. Zugleich spricht der Verfasser den Vorsatz aus, die begonnene Arbeit fortzusetzen und über das ganze Gebiet der Ethik auszudehnen.

Freising, im Mai 1893.

Sebastian Huber,
Dozent.

Inhaltsangabe.

Einleitung 1
Erster Abschnitt. Bestimmung des letzten Zieles 6
Zweiter Abschnitt. Das höchste Gut im objektiven Sinne . 24
Dritter Abschnitt. Von der Glückseligkeit im subjektiven Sinne oder Bestimmung des Wesens der Glückseligkeit . . 38
Vierter Abschnitt. Verhältnis der übrigen Güter zur Glückseligkeit 77
Fünfter Abschnitt. Von der Möglichkeit, einen glückseligen Zustand zu erreichen und zu behaupten 87

Einleitung.

Vorliegende Arbeit ist nicht der erste Versuch, den Einfluſs der Ethik des Aristoteles auf die des hl. Thomas von Aquin darzustellen. In den wichtigsten Punkten wird des gegenseitigen Verhältnisses beider Männer in den meisten Geschichtsbüchern der Philosophie Erwähnung gethan; näher gehen auf diese Frage die ausführlichen Darstellungen ein, welche das Interesse für mittelalterliche Wissenschaft und Kultur in diesem Jahrhundert hervorgerufen hat.

Die Urteile, welche auf Grund der geschichtlichen Forschung gefällt werden, sind aber nicht die gleichen. Es herrscht eine weitgehende Verschiedenheit der Meinungen.

Prantl berührt zwar in seiner „Geschichte der Logik des Abendlandes"[1]) das Verhältnis des hl. Thomas zur aristotelischen Ethik nur nebenbei, hält sich aber für berechtigt, dem Aquinaten jegliches Verständnis für die Untersuchungen des Stagiriten abzusprechen.

Dagegen rühmen andere, daſs der englische Lehrer mit wunderbarer Schärfe die Schriften des Aristoteles interpretierte und ihren Gehalt sowie die in denselben angewandte Methode mit groſser Selbstständigkeit in der systematischen Darlegung der christlichen Ethik[2]) verwertete.

So schreibt Jourdain in seinem trefflichen Werke „La philosophie de S. Thomas d'Aquin": . . . la morale, une

---

[1]) Prantl, Geschichte der Logik des Abendlandes, 3. Band, Seite 108.
[2]) S. th. 1, 2 q 1 ff. — S. c. g. III. cp. 1 ff.

des branches que S. Thomas a traitées avec le plus d'étendue et j'oserai même le dire d'originalité, quels que soient les emprunts qu'il a faits à Aristote et à bien d'autres écrivains.[1]) Und etwas später: S'il n'a pas découvert la mine profonde qu'il exploite, nul avant lui ne l'avait creusée plus profondément; nul n'en avait developpé les précieuses richesses avec plus d'ordre et d'abondance.[2])

Noch nachdrücklicher nimmt Schneid in seiner Schrift „Aristoteles in der Scholastik" für die mittelalterlichen Philosophen Selbständigkeit dem griechischen Denker gegenüber in Anspruch: „Die Ethik ist das Feld, auf dem sich die scholastischen Lehrer noch mehr als in der Theodicee selbständig und unabhängig vom Stagiriten bewegen. Die hl. Schrift und die Väter bilden die vorzügliche Quelle, aus der sie schöpfen. Gleichwohl haben sie auch in ihrer Moral die aristotelischen Keime und Grundbegriffe verwertet, so dass die scholastischen Lehrer auch in ihrer Ethik Peripatetiker genannt werden müssen".[3]) Noch deutlicher charakterisiert der genannte gründliche Kenner der thomistischen Philosophie die Stellung des hl. Thomas zu Aristoteles kurz: „Er bekämpft Aristoteles überall, wo er ihn auf einem Irrwege ertappt und huldigt ihm dort, wo derselbe die Wahrheit lehrt".[4]) Derselbe Verfasser rühmt es an den Scholastikern überhaupt, dafs sie die Lehre des Aristoteles fortbildeten, deren Lücken ergänzten und von ihm angedeutete, aber ungelöst gelassene Probleme zu lösen versuchten.[5]) So weise z. B. der hl. Thomas darauf hin, Aristoteles habe wohl die Frage angeregt, ob in der Glück-

---

[1]) Jourdain, La philosophie de S. Thomas d'Aquin I, 343.
[2]) l. c. 346.
[3]) Schneid, Aristoteles in der Scholastik. Eichstätt 1875. Seite 141.
[4]) Schneid, Die Philosophie des hl. Thomas v. Aquin und ihre Bedeutung für die Gegenwart. Würzburg 1881. Seite 32.
[5]) l. c. Seite 25.

seligkeit die visio oder die delectatio das Vorzüglichere sei, aber sie nicht gelöst — eam insolutam dimittit.¹)

Ein weiterer Schriftsteller, welcher sich speziell mit dem Verhältnis der aristotelischen und thomistischen Ethik beschäftigt, bemüht sich auch, dem hl. Thomas „als einem Gelehrten von wahrhaft staunenswertem Wissen, einem der Koryphäen scholastischer Gelehrsamkeit des Mittelalters und einem der einflufsreichsten Fortbildner des kirchlichen Lehrbegriffes" alle Ehre angedeihen zu lassen.²) Gleichwohl aber glaubt er, befürchten zu müssen, „Thomas habe es nicht nur zu keiner befriedigenden Ausgleichung zwischen seiner philosophischen Betrachtungsweise der Dinge und seiner christlich-religiösen Überzeugung gebracht",³) sondern „es sei die Aneignung aristotelischer Ansichten für den christlichen Charakter der Sittenlehre in manchen Punkten geradezu bedenklich gewesen".⁴) Redepenning stellt sich deshalb auch die Aufgabe, zu untersuchen, „ob Thomas in der Bestimmung der wesentlichen Grundbegriffe der Ethik dem Ansehen des Aristoteles spezifisch christliche Ideen geopfert, oder Beides, den aristotelischen Gedankenkreis und die christliche Anschauungsweise nur in loser, unzusammenhängender und darum (?) widerspruchsvoller Weise mit einander verknüpft habe".⁵)

Abgesehen davon, dafs es doch etwas gewagt erscheinen dürfte, eine so umfangreiche und tiefeingreifende Frage in einem Schriftchen von ungefähr vierzig Seiten eingehend behandeln zu wollen, scheint sich doch auf den ersten Blick zu ergeben, dafs durch die vom Verfasser obiger

---

¹) S. th. 1, 2 q4 a 2. — cfr. 4. Abschnitt dieser Arbeit.
²) Redepenning, Der Einflufs des Aristoteles auf die Moral des hl. Thomas v. Aquin. Goslar 1875. Seite 30.
³) l. c. Seite 28.
⁴) l. c. Seite 13.
⁵) l. c. Seite 5.

Doktordissertation angenommenen beiden Möglichkeiten die Zahl der Disjunktionsglieder seiner Frage nicht erschöpft sein dürfte. Mag es ja richtig sein, dafs in manchen oder vielen Punkten die Auslegung des Aristoteles durch die Scholastik den Anforderungen der mit allen möglichen durch die philologische Kritik geschaffenen Hilfsmittel versehenen Neuzeit nicht mehr entspricht, wie Redepenning unter Hinweis auf Walters Ausführungen über die praktische Vernunft in der griechischen Philosophie[1]) bemerkt, so kann man doch ganz unmöglich so allgemein und schlechthin die Möglichkeit ignorieren, welche aufser den angenommenen doch sicher a priori besteht und welche zwischen diesen in der Mitte liegt: nämlich dafs wenigstens in den Hauptzügen und in den bedeutenderen Unterfragen die Gedanken des Aristoteles von Thomas richtig erfafst, ausgelegt und verwertet wurden; dafs sie ferner, soweit es möglich war, mit christlicher Anschauung verbunden und zwar nicht blofs lose und unzusammenhängend, sondern innerlich und organisch, und demgemäfs auch ohne innere Widersprüche. Es kann von vorneherein die Möglichkeit dieser Annahme nicht in Abrede gestellt werden. Dafs diese Annahme aber auch der geschichtlichen Thatsache entspreche, glaubt der Verfasser vorliegender Arbeit, wenn auch auf einem engen, aber bedeutenden, weil grundlegenden Gebiete, der Lehre von der Glückseligkeit des Menschen, darlegen zu können.

Es soll demnach im Folgenden die Glückseligkeitslehre des hl. Thomas mit der des Aristoteles verglichen werden. Dabei kommt es vor Allem darauf an, jene Gedanken herauszuheben, welche der Aquinate unstreitig dem Stagiriten entlehnte, zu zeigen, wie er dieselben interpretierte,

---

[1]) Walter, Die praktische Vernunft in der griechischen Philosophie Jena 1874.

modifizierte und im Geiste des Christentums folgerichtig weiterbildete; ferner, jene Punkte aufzuzeigen, in welchen der englische Lehrer von Aristoteles abwich, mit Angabe der Gründe, welche dazu bewogen.

Als Hauptquellen dienen uns die theologische und philosophische Summe, ebenso der Commentar des Heiligen zur Nikomachischen Ethik. In der Einteilung des Stoffes von derjenigen abzuweichen, welche der hl. Thomas in seiner Summa theologica gibt, ist kein Grund vorhanden. Demgemäfs wird im Folgenden behandelt:

1) die Lehre vom Endzweck im Allgemeinen;

2) vom höchsten Gute im objektiven Sinne;

3) vom höchsten Gute im subjektiven Sinne oder dem Wesen der menschlichen Glückseligkeit;

4) vom Verhältnisse der übrigen Güter zum Wesen der Glückseligkeit;

5) von der Möglichkeit einen glückseligen Zustand zu erreichen und zu behaupten.

Erster Abschnitt.

Bestimmung des letzten Zieles.

Aristoteles eröffnet seine ethischen Untersuchungen mit dem bekannten Satze: πᾶσα τέχνη καὶ πᾶσα μέθοδος, ὁμοίως δὲ πρᾶξίς τε καὶ προαίρεσις ἀγαθοῦ τινος ἐφίεσθαι δοκεῖ.[1]) Er bezeichnet damit den Punkt, von dem bei Betrachtung der ethischen Bestimmung des Menschen auszugehen sei: alle menschlichen Handlungen geschehen um eines Zweckes willen, sei es, daſs dieser in der Handlung selbst liegt, sei es, daſs er durch die Handlung erst hervorgebracht wird.[2])

Auch der Aquinate, welcher in die Fuſsstapfen des groſsen griechischen Forschers tritt, wählt für seine Untersuchung den nämlichen Ausgangspunkt. Wolle man ein richtiges Urteil über den sittlichen Charakter, Wert oder Unwert der menschlichen Handlungen gewinnen, so sei es die einzig richtige Methode, mit der Betrachtung des Zweckes zu beginnen; denn nach dem Zwecke müsse dasjenige bemessen werden, was auf den Zweck hingeordnet ist.[3])

---

[1]) Eth. Nic. 1. 1094a 1.
[2]) l. c. I. 1094a 3: διαφορά τις φαίνεται τῶν τελῶν· τὰ μὲν γάρ εἰσιν ἐνέργειαι, τὰ δὲ παρ' αὐτὰς ἔργα τινά.
[3]) S. th. 1, 2 q 1 prooem.: primo considerandum occurit de ultimo fine humanae vitae; et deinde de his per quae homo ad hunc finem pervenire potest vel ab eo derivare. Ex fine enim oportet accipere rationes eorum quae ordinantur ad finem.

Folgen wir beiden Autoren in der Erforschung des allgemeinen Endzieles. Schon in diesem Punkte wird offenbar werden, dafs zwar für den Aquinaten die nämlichen Prinzipien mafsgebend waren wie für Aristoteles, dafs aber gleichwohl die Weltanschauung des Griechen durch den christlichen Denker eine tiefgreifende Modifikation erfuhr.

Dafs der Mensch immer um eines Zweckes willen handle; dafs der Zweck wegen des in ihm liegenden Guten Ziel der Handlung sei; dafs mehrere Ziele in Zusammenhang stehen, so dafs das eine dem anderen untergeordnet ist und alle untergeordneten auf ein (zunächst relativ) höchstes hingeordnet sind; dafs endlich ein Ziel für den Menschen es geben müsse, welches für ihn schlechthin das letzte sei und alle übrigen beherrsche, das nur um seiner selbst willen, um dessentwillen aber alle anderen Ziele angestrebt werden[1]) — diese wichtigen Sätze, mit denen Aristoteles seine Ethik beginnt, liegen sowohl der ersten Quästion der Prima Secundae als den ersten Kapiteln des dritten Buches der philosophischen Summe des hl. Thomas zu Grunde.[2]) Der Aquinate nimmt diese Sätze als unumstöfslich wahr in sein System auf, entlehnt dem Stagiriten auch mehrere Gründe, auf welche sie sich stützen, ohne

---

[1]) Eth. Nic. I, 1094a 7: πολλῶν πράξεων οὐσῶν καὶ τεχνῶν καὶ ἐπιστημῶν πολλὰ γίνεται καὶ τὰ τέλη: ἰατρικῆς μὲν γὰρ ὑγίεια, ναυπηγικῆς δὲ πλοῖον, στρατηγικῆς δὲ νίκη, οἰκονομικῆς δὲ πλοῦτος. ὅσαι δέ εἰσι τῶν τοιούτων ὑπὸ μίαν τινὰ δύναμιν, καθάπερ ὑπὸ τὴν ἱππικὴν χαλινοποιικὴ καὶ ὅσαι ἄλλαι τῶν ἱππικῶν ὀργάνων εἰσίν· αὕτη δὲ καὶ πᾶσα πολεμικὴ πρᾶξις ὑπὸ τὴν στρατηγικήν· τὸν αὐτὸν δὴ τρόπον ἄλλαι ὑφ' ἑτέρας. ἐν ἁπάσαις δὲ τὰ τῶν ἀρχιτεκτονικῶν τέλη πάντων ἐστὶν αἱρετώτερα τῶν ὑπ' αὐτά· τούτων γὰρ χάριν κἀκεῖνα διώκεται ..... εἰ δέ τι τέλος ἐστὶ τῶν πρακτῶν ὃ δι' αὐτὸ βουλόμεθα, τἄλλα δὲ διὰ τοῦτο καὶ μὴ πάντα δι' ἕτερον αἱρούμεθα (πρόεισι γὰρ οὕτω γ' εἰς ἄπειρον, ὥστ' εἶναι κενὴν καὶ ματαίαν τὴν ὄρεξιν), δῆλον ὡς τοῦτ' ἂν εἴη τἀγαθὸν καὶ τὸ ἄριστον.

[2]) S. th. 1, 2 q 1 a 1—8. — S. c. g. III cp. 1 f.

etwas zu ändern. Dafs es z. B. ein letztes Ziel geben müsse, beweist Thomas unter Berufung auf die Physik des Stagiriten 8. Buch,[1]) man könne keine unendliche Reihe von bewegenden Ursachen annehmen; denn dann gäbe es kein erstes Bewegendes, und damit auch kein zweites und drittes und kein letztes, weil alle untergeordneten Ursachen ihre Kraft zu bewegen vom ersten Bewegenden empfangen. Das Gleiche, d. h. dafs ein Erstes anzunehmen sei, von dem alle übrigen Glieder der Reihe das empfangen, wodurch sie das sind, was sie in dieser Reihe sein sollen, gilt auch von der Reihe der Zweckursachen. Wo demnach einmal eine Reihe einander untergeordneter Zweckursachen sich findet, da mufs ein Ziel das letzte sein.[2])

Es finden sich aber auch viele Gedanken, welche zwar Aristoteles eigen sein könnten, aber dennoch nicht ihm entlehnt sind. Interessant ist es, wie der hl. Thomas zeigt,[3]) dafs alle Handlungen des Menschen, auch Spiel und

---

[1]) Arist. Φυσικῆς ἀκρ. 1 VIII. cp. 5. 256a 13 f. εἰ ἀνάγκη πᾶν τὸ κινούμενον ὑπό τινός τε κινεῖσθαι, καὶ ἢ ὑπὸ κινουμένου ὑπ᾽ ἄλλου ἢ μή, καὶ εἰ μὲν ὑπ᾽ ἄλλου κινουμένου, ἀνάγκη τι εἶναι κινοῦν ὃ οὐχ ὑπ᾽ ἄλλου πρῶτον. εἰ δὲ τοιοῦτο τὸ πρῶτον, οὐκ ἀνάγκη θάτερον (ἀδύνατον γὰρ εἰς ἄπειρον ἰέναι τὸ κινοῦν καὶ τὸ κινούμενον ὑπ᾽ ἄλλου αὐτό· τῶν γὰρ ἀπείρων οὐκ ἔστιν οὐδὲν πρῶτον), εἰ οὖν ἅπαν μὲν τὸ κινούμενον ὑπό τινος κινεῖται, τὸ δὲ πρῶτον κινοῦν κινεῖται μέν, οὐχ ὑπ᾽ ἄλλου δέ, ἀνάγκη αὐτὸ ὑφ᾽ αὑτοῦ κινεῖσθαι. cfr. Eth. Nic. I, 1094a 20.

[2]) S. th. 1, 2 ql a4: impossibile est in finibus procedere in infinitum ex quacumque parte. In omnibus enim quae per se habent ordinem ad invicem, oportet quod remoto primo removeantur ea quae sunt ad primum.

[3]) S. th. 1, 2 ql a6: quidquid homo appetit, appetit sub ratione boni; quod quidem si non appetitur ut bonum perfectum, quod est ultimus finis, necesse est ut appetatur ut tendens in bonum perfectum; quia semper inchoatio alicujus ordinatur ad consummationem ipsius, sicut patet tam in his quae fiunt a natura, quam in his quae fiunt ab arte; et ita omnis inchoatio perfectionis ordinatur in perfectionem consummatam, quae est per ultimum finem.

Scherz, wenn auch unbewufst, vom letzen Ziele¹) beherrscht sind. Alles nämlich begehrt der Mensch unter dem Gesichtspunkte des Guten; wird etwas nun nicht deshalb begehrt, weil es das vollendete Gut ist, so mufs es doch begehrt werden als ein Gut, welches in Beziehung zum vollendeten Gute steht und demselben zustrebt. Denn jedes Beginnen ist hingeordnet auf das Vollenden: ein Gesetz, welches sowohl in dem Schaffen der Natur als in den Werken menschlicher Kunst seine wirksame Kraft offenbart.

Die Frage nach der Einheit des Endzweckes wird von Aristoteles keiner besonderen Untersuchung gewürdigt; an sich bietet ihr Verständnis keine besondere Schwierigkeit; ergibt sich die Einheit doch notwendig aus dem Begriff des letzten Zieles als solchen. Thomas widmet ihr einen eigenen Artikel und beweist die Notwendigkeit der Einheit des Endzweckes aus dem Begriff des ultimus finis, aus der Einheit der menschlichen Natur und aus dem spezifizierenden Einfluſs des Zweckes auf die Handlungen. Mit der Idee des Endzweckes ist es gegeben, daſs in ihm die letzte Vollendung und der höchste Grad der Vollkommenheit angestrebt und erreicht werde. „Finem boni nunc dicimus, non quod consumitur, ut non sit, sed quod perficitur ut plene sit." (Aug. de civ. Dei lib. XIX. cp 1. a princ.) Der Endzweck erfüllt das ganze Verlangen des Menschen, stillt sein letztes Sehnen, so daſs nicht mehr bleibt, was noch Gegenstand des Verlangens sein könnte. Der Endzweck steht ferner seinem Einflusse nach in engster Beziehung zur menschlichen, einheitlichen Natur. Er ist Prinzip jeglichen Strebens; was immer verlangt wird, wird seinet-

---

¹) ib. ad 3: non oportet ut semper aliquis cogitet de ultimo fine quandocunque aliquid appetit vel operatur: sed virtus primae intentionis, quae est respectu ultimi finis, manet in quolibet appetitu cujuscunque rei, etiamsi de ultimo fine actu non cogitetur; sicut non oportet quod qui vadit per viam, in quolibet passu cogitet de fine.

wegen verlangt¹), wie jede untergeordnete sekundäre Ursache nur Ursache ist kraft der ersten alles bewegenden Ursache. Ist er aber oberstes Prinzip des Strebens, dann kann er in nichts anderem bestehen als in dem, was kraft der Natur verlangt wird, wie ja auch erstes Prinzip des Erkennens jene Wahrheit ist, welche „naturaliter" erkannt wird. Da nun die Natur auf ein Einheitliches hinstrebt, so kann der Endzweck des Menschen als Prinzip seines Begehrens und Gegenstand seiner natürlichen Neigung nur einer sein. Das Gleiche ergibt sich endlich aus der Zusammengehörigkeit aller menschlichen Handlungen unter ein Genus. Die menschlichen Handlungen, welche von dem von der menschlichen Vernunft geleiteten Willen ausgehen, erhalten ihren spezifischen Unterschied vom Zweck, auf den sie abzielen; ebenso bildet auch für ihre generische Bestimmung der Zweck das bestimmende Moment. Als Handlungen des von der Vernunft geleiteten Strebevermögens gehören aber alle menschlichen Handlungen einem Genus an; daher muſs das Prinzip dieses Genus auch eines sein.²)

Nicht minder ist der Beachtung wert, wie das zweckmäſsige Handeln des Menschen überhaupt aus der Natur des Menschen bewiesen wird.³) Die menschlichen Handlungen als menschliche sind notwendig auf ein Ziel hingeordnet, weil der Mensch zum Unterschied von den unvernünftigen Wesen Herr seiner Handlungen ist. Herr seiner Handlungen ist aber der Mensch durch seine Intelligenz und seinen Willen, durch seine Freiheit, welche dem Handeln des vernünftigen Willens sich aufprägt. Hat demnach der Wille auf die menschlichen Handlungen einen so wichtigen Einfluſs, so folgt notwendig, daſs die menschlichen Handlungen auf einen Zweck hingeordnet sein müssen. Denn

---

[1] Aristoteles, Eth. Nik. I. 1094 a 20.
[2] S. th. 1, 2 q 1 a 5.
[3] S. th. 1, 2 q 1 a 1.

Akte können nur dann aus einer Potenz hervorgehen, wenn sie von dieser verursacht werden gemäfs der Natur des ihr eigentümlichen Objektes. Das will sagen: wie nur auf Grund eines eigentümlichen, anderen Potenzen ihrer Natur nach unzugänglichen Objektes eine eigene Potenz angenommen wird, so kann auch eine Handlung eben dieser Potenz nur zugeschrieben werden, wenn sie sich auf dieses eigentümliche Formalobjekt bezieht. Das dem Willen eigentümliche Objekt ist aber der Zweck und das Gute. Es müssen demnach alle menschlichen Handlungen als solche immer zweckmäfsig geschehen.

Doch scheint es nicht notwendig, derartige Betrachtungsweisen, welche dem Aquinaten eigen sind, ohne dafs sie sich bei Aristoteles finden, weiter zu verfolgen. Offenbaren sie uns das ernste Streben des Fürsten der Scholastik, aufgestellte Thesen in seiner Weise wo möglich deduktiv zu begründen, so dürften sie doch für unsere Aufgabe nicht von besonderer Bedeutung sein, da sie einen wesentlichen Fortschritt der philosophischen Betrachtung nicht bekunden. Wenden wir uns daher Momenten zu, welche von gröfserer Bedeutung sind.

Solch' ein Differenzpunkt zwischen Aristoteles und Thomas scheint einmal in der Ausdehnung des einen Endzweckes des menschlichen Lebens auf alle existierenden Dinge zu liegen. Der Gedanke, die ganze Welt habe eine Ursache, welche Alles als Endursache bewegt, ist Aristoteles allerdings nicht fremd, bildet vielmehr ein Hauptmoment der aristotelischen Philosophie: es ist ja die Einführung der Zweckursache in die Naturauffassung eines der gröfsten Verdienste des Stagiriten;[1] doch führt er diesen Gedanken nicht in die Ethik ein, in welcher er zunächst nur des Menschen Aufgabe im Auge hat. Indem der hl.

---

[1] Zeller, die Philosophie der Griechen, II, 2. Seite 422 ff.

Thomas nun alle Dinge mit den Menschen unter die Herrschaft eines gemeinsamen Endzweckes stellt, erscheint des Menschen ethische Aufgabe als Glied in der Zweckbestimmung des ganzen Universums, welches von einem obersten Ziele regiert und geleitet wird.[1]) Darum kann der hl. Thomas auch als Objekt der ethischen Untersuchung geradezu Gott bezeichnen, insofern er das Ziel aller Dinge ist.[2])

Allerdings setzt dieser Gedanke voraus, was wir bisher noch nicht berührt haben, daſs wirklich auch alle unvernünftigen Dinge auf ein Ziel hingeordnet sind und zweckmäſsig handeln. Der hl. Thomas lehrt ausdrücklich[3]) in eingehender Untersuchung, daſs das Handeln auch der unvernünftigen Wesen von der Zweckmäſsigkeit beherrscht

---

[1]) S. th. 1, 2 q 1 a 8. — S. c. g. III cp. 17: ad ordinem agentium sequitur ordo in finibus; nam sicut supremum agens movet omnia secunda agentia, ita ad finem supremi agentis oportet quod ordinentur omnes fines secundorum agentium; quidquid enim agit supremum agens, agit propter finem suum. Agit autem supremum agens actiones omnium inferiorum agentium, movendo omnes ad suas actiones et per consequens ad suos fines; unde sequitur quod omnes secundorum agentium actiones ordinentur a primo agente in finem suum proprium. Agens autem primum rerum omnium est Deus, ut probatum est (l. II cp 15). Voluntatis autem ipsius nihil aliud est finis quam sua bonitas quae est ipsemet, ut probatum est (l. I cp 38 et 74). Omnia igitur quaecunque sunt facta, vel ab ipso immediate vel mediantibus causis secundis in Deum ordinantur sicut in finem.

[2]) S. c. g. l. III, cp. 1.... erit hoc ordine procedendum ut primo agatur de ipso (Deo), secundum quod est rerum omnium finis.

[3]) S. th. 1, 2 q 1 a 2: .... omnia agentia necesse est agere propter finem. Causarum enim ad invicem ordinatarum si prima subtrahatur necesse est alias subtrahi. Prima autem inter omnes causas est causa finalis. Cujus ratio est, quia materia non consequitur formam, nisi secundum quod movetur ab agente: nihil enim reducit se de potentia in actum. Agens autem non movet nisi ex intentione finis: si enim agens non esset determinatum ad aliquem effectum, non magis ageret hoc quam illud. Ad hoc ergo, quod

sei; er stimmt dabei vollständig mit Aristoteles überein. Die Begründung dieser wichtigen Wahrheit jedoch, wie die Summa theol. sie gibt, führt uns in der Lehre vom Endzweck auf einen weiteren tiefgreifenden Unterschied zwischen Thomas und Aristoteles.

Es ist ein Aristoteles nicht fremder Gedanke, wenn der Aquinate die Unterscheidung trifft zwischen den vernünftigen Wesen, welche sich selber zum zweckmäfsigen Handeln bestimmen, indem sie kraft ihrer Intelligenz und des freien Willens Herr ihrer Handlungen sind, und den unvernünftigen Wesen, welche durch ihre natürliche Neigung auf ein bestimmtes Ziel hingeordnet sind, ohne dasselbe je mit einem anderen vertauschen zu können, wie ein Pfeil, welcher sich auch seine bestimmte Flugrichtung nicht selbst gegeben hat. Indem aber im Anschlufs an diese Sätze der Aquinate fortfährt: nam tota irrationalis natura comparatur ad Deum sicut instrumentum ad agens principale[1]) (die ganze unvernünftige Natur steht zu Gott in einem ähnlichen

---

determinatum effectum producat, necesse est, quod determinetur ad aliquid certum, quod habet rationem finis. Haec autem determinatio sicut in rationali natura per rationalem fit appetitum, qui dicitur voluntas, ita in aliis fit per inclinationem naturalem, quae dicitur appetitus naturalis. — cfr. S. c. g. III, cp 1.

[1]) S. th. 1, 2 q1 a2: considerandum est quod aliquid sua actione vel motu tendit ad finem dupliciter: uno modo sicut seipsum ad finem movens, ut homo; alio modo sicut ab alio motum ad finem sicut sagitta tendit ad determinatum finem ex hoc, quod movetur a sagittante, qui suam actionem dirigit in finem. Illa ergo quae rationem habent, seipsa movent ad finem, quia habent dominium suorum actuum per liberum arbitrium, quod est facultas voluntatis et rationis; illa vero quae ratione carent, tendunt in finem propter naturalem inclinationem, quasi ab alio mota, non autem a seipsis, cum non cognoscant rationem finis; et ideo nihil in finem ordinare possunt, sed solum in finem ab alio ordinantur. Nam tota irrationalis natura comparatur ad Deum sicut instrumentum ad agens principale:

Verhältnisse wie das Instrument zur eigentlichen Ursache der Handlung), deutet er eine Anschauung an, welche ihn wesentlich vom Stagiriten trennt, über ihn erhebt und seine ethischen Untersuchungen vertieft. Es ist hier deutlich gesagt, daſs die Hinordnung auf ein Ziel in die Dinge gelegt ist durch eine Macht, welche sich ihrer bedient, wie das agens principale des Instrumentes. Weil aber die causa principalis immer als Wirkursache gefaſst wird, so folgt aus dieser Stelle klar, daſs die Dinge von Gott auf ihr Ziel nicht n u r insofern hinbewegt werden, als ob Gott selbst dieses Ziel wäre und als solches in den Dingen gewissermassen ein Verlangen erweckte — denn daſs Gott dieses Ziel ist, auf das Alles hingeordnet ist, ist an dieser Stelle noch gar nicht berührt — sondern auch insofern als Gott, der auch erste wirkende Ursache ist, den Dingen das Ziel bestimmt und ihnen die natürlichen Kräfte und mit diesen die natürliche Neigung verliehen hat, dem bestimmten Ziele zuzustreben.

Allerdings könnte man sagen, daſs an betreffender Stelle der hl Thomas bloſs von den unvernünftigen Dingen lehre, daſs sie von Gott als der sie bewirkenden Ursache auf das Endziel hingeordnet werden und unter dem thätigen und bestimmenden Einfluſs des Schöpfers ein bestimmtes Ziel anstreben. Damit sei noch nicht gesagt — und darauf kommt es in der Ethik an — daſs auch die vernünftigen Wesen deshalb nach einem bestimmten Ziele verlangen, nicht bloſs weil sie dasselbe als erstrebenswert erkennen, sondern auch, weil sie durch eine schöpferische Ursache, welcher sie Sein und Leben verdanken, auf ein Ziel hingeordnet sind. Im Gegenteil werde gerade in der citierten Stelle deutlich gelehrt, dass die vernünftigen Wesen kraft ihrer Erkenntnis des Zieles auf dieses ihre Thätigkeit selbst und ohne anderweitigen Anstoſs hinlenken. Allerdings ist das richtig; aber was hier gesagt ist, schlieſst gleichwohl

nicht aus, dafs auch die vernünftigen Dinge zielgemäfs handeln, weil eine höhere Ursache in sie das zielbewufste Streben gelegt hat; nur die Art, wie sie ihr Ziel anstreben, ist eine andere. Während die unvernünftigen Dinge blofs **zielgemäfs** handeln, sind die vernünftigen nicht blofs zielgemäfs, sondern auch **zielbewufst** thätig.

Dafs dies die Anschauung des hl. Thomas ist, ergibt sich aus vielen anderen Stellen. So z. B. aus dem 1. Kapitel des 3. Buches der philosophischen Summe.[1]) Dort spricht Thomas von der absoluten Herrschergewalt Gottes über die geschaffenen Dinge. Diese unbeschränkte Herrschaft Gottes gründet sich darauf, dafs Gott kraft freien Willensentschlusses allen Dingen das Sein gegeben; wenn aber aus freiem Willen, so mufste dabei ein bestimmter Zweck verfolgt werden, denn das Gute und der Zweck sind das eigentümliche Objekt des Willens. So hat Gott, wie er allen Dingen das Sein gegeben, auch allen Dingen ihren Zweck bestimmt, den zu erreichen sie mit Kräften ausgestattet sind, wenn aber allen geschaffenen Dingen, dann auch den vernünftigen Wesen. Allerdings sind letztere in besonderer Weise bevorzugt. Sie sind nicht blofs auf ihr Ziel hingeordnet, sondern sie können und sollen sich selbst in einer ihren natürlichen Kräften entsprechenden Weise auf ihr naturgemäfses Ziel hinordnen. Unterwerfen

---

[1]) S. c. g. III. cp. 1: est igitur, sicut perfectus in essendo et causando, ita etiam et in regendo perfectus. Hujus vero regiminis effectus in diversis apparet diversimode secundum differentiam naturarum. Quaedam namque sic a Deo producta sunt, ut intellectum habentia ejus similitudinem gerant et imaginem repraesentent, unde et ipsa non solum sunt directa, sed et seipsa dirigentia secundum proprias actiones in debitum finem; quae, si in sua directione regimini divino subdantur, ad ultimum finem consequendum ex divino regimine admittuntur; repelluntur autem, si secus in sua dircetione pro cesserint.

sie sich freiwillig der göttlichen Leitung, werden sie ihr Ziel erreichen, im Gegenteil nicht.

Das Gleiche ergibt sich aus jener Stelle, wo Thomas beweist, dafs Gott das Endziel aller Dinge ist. Der Beweis ist folgender:¹) ad ordinem agentium sequitur ordo in finibus; nam sicut supremum agens movet omnia secunda agentia, ita ad finem supremi agentis oportet quod ordinentur omnes fines secundorum agentium; quidquid enim agit supremum agens, agit propter finem suum. Agit autem supremum agens actiones omnium inferiorum agentium, movendo omnes ad suas actiones et per consequens ad suos fines; unde sequitur, quod omnes secundorum agentium actiones ordinentur a primo agente ad finem suum proprium. Es ist an dieser Stelle mit einer Klarheit, wie es nur wünschenswert sein kann, ausgesprochen, dafs die Dinge ihrem Endziele, welches Gott ist, nicht blofs zustreben, weil sie von ihm als Gegenstand des Verlangens bewegt werden, sondern weil sie von ihm als der ersten Wirkursache auf dieses Ziel hingerichtet sind.

Dieser Gedanke wird in den Schriften des Stagiriten vergebens gesucht. Gott bewegt zwar nach Aristoteles die Welt und zwar als erster Beweger, aber er bewegt ὡς ἐρώμενον, als Gegenstand des Verlangens,²) nicht als erste wirkende Ursache, welche Sein und Thätigkeit verleiht und das Ziel bestimmt.

Mit Recht wird dies als ein Mangel des aristotelischen Systems im Allgemeinen bezeichnet, der auch für die Ethik seine besondere Bedeutung hat. „Die Vorstellung, dafs das Bewegte ein natürliches Verlangen nach dem Bewegenden, das Körperliche ein Verlangen nach dem Göttlichen habe, ist so unklar, dafs wir uns schwer in sie finden können".³)

---

¹) S. c. g. III. cp 17.
²) Arist. Metaph. VII 1072b 3: κινεῖ ὡς ἐρώμενον, κινούμενον δὲ τἄλλα κινεῖ.
³) Zeller, Philosophie der Griechen. II, 2, 375.

Wenn Zeller so urteilt, werden wir ihm sicher zustimmen. Denn man muſs mit Recht erwarten, daſs gesagt werde, wie dieses Verlangen in die Dinge, besonders in jene, welche der Erkenntnis entbehren, gekommen sei. Wenn in dieser Beziehung von einem nachfolgenden Philosophen eine Erklärung gegeben wird, wie wir sie thatsächlich im thomistischen System auf Grund der christlichen Weltanschauung gegeben finden, so muſs dies wenigstens zunächst als Versuch einer sehr wichtigen und willkommenen Ergänzung bezeichnet werden; ob auch als eine in jeder Beziehung hinreichende und befriedigende Ergänzung, lassen wir dahingestellt.

Es sei hier nur darauf hingewiesen, daſs diese Ergänzung gerade für die Ethik einen wesentlichen Fortschritt bedeutet. Nach der Weltanschauung des Aristoteles muſs es immer schwer bleiben, die bindende Kraft des Sittengesetzes zu begründen; daher auch die groſsen Schwankungen in der Beurteilung seiner Moral.[1]) Es ist nicht möglich, ohne eine voraus bestimmende und bindende Ursache, von welcher alles abhängt, eine absolute Verpflichtung aufrecht zu erhalten; und doch ist das absolut Bindende einer solchen Verpflichtung ein unerläſsliches Moment des Sittengesetzes. Bestimmt aber Gott als höchste Ursache, nicht mehr bloſs als Gegenstand des Verlangens, sondern als höchster Herr, dessen Willen alle Geschöpfe unterworfen sind, das Ziel der Handlungen, so ist damit der Begriff des Verbindlichen, der absoluten Verpflichtung gegeben. Dies trifft um so mehr zu, wenn man bedenkt, daſs Gott bei seiner schöpferischen Thätigkeit nicht frei, sondern kraft innerer Notwendigkeit sich selbst zum Ziel seiner Thätigkeit, demgemäſs auch zum Ziel der Thätigkeit der Geschöpfe genommen hat. Es ist demnach durch die

---

[1]) Jodl, Geschichte der Ethik, 1, 13.

besprochene, scheinbar der Ethik fernliegende Ergänzung im letzten Grunde ein sehr wichtiger Begriff der Ethik erklärt und aufrecht erhalten.

Ein weiterer Differenzpunkt scheint sich aus dem Gesagten zu ergeben, gerade in Betreff der Bestimmung des Endzweckes der Dinge und des Menschen. Dafs sowohl vom Stagiriten als vom hl. Thomas Gott als Endzweck der Welt betrachtet wird, dürfte aus dem Bisherigen klar sein. Gleichwohl findet sich bei Thomas ein dem griechischen Philosophen fremder Gedanke.

Thomas unterscheidet ein doppeltes Ziel: ein solches, welches durch die darauf abzielende Thätigkeit hervorgebracht wird. In diesem Sinne kann Gott nicht Gegenstand des Strebens der Geschöpfe sein. Denn Gott ist so das letzte Ziel aller Dinge, dafs er zugleich auch die Ursache der Existenz der Dinge ist. Er existiert bereits vor allen geschaffenen Dingen und vor deren Thätigkeit.[1]

Ziel einer Handlung ist aber etwas auch insofern, als sein Besitz angestrebt wird. Nur in diesem Sinne kann Gott das Ziel der geschaffenen Dinge sein. Dies ergibt sich aus folgender Erwägung: sind die untergeordneten Ursachen nur insoweit thätig, als sie von der ersten Ursache bewegt werden, so richten sie sich in der Erlangung des Zieles nach der ersten. Nun aber will Gott in seinen Werken nichts für sich erlangen; er kann es nicht einmal, da er als der unendlich Vollkommene alles in Wirklichkeit besitzt; er kann und will nur aus seiner unendlichen Fülle mitteilen. Deshalb kann Gott nicht „finis cui" seiner Werke

---

[1] S. c. g. III, cp. 18: Sic est ultimus finis omnium rerum, quod tamen est prius omnibus in essendo. — Deus est simul ultimus rerum finis et primum agens, ut ostensum est. Finis autem per actionem agentis constitutus non potest esse primum agens, sed est magis effectus agentis. Non potest igitur Deus sic esse finis rerum quasi aliquid constitutum, sed solum quasi aliquid praeexistens obtinendum.

sein, d. h. nicht zu seiner eigenen Vervollkommnung hat Gott die Dinge geschaffen; er soll durch die Geschöpfe und deren Handlungen nichts gewinnen, sondern die Dinge sollen vielmehr an Gottes Vollkommenheit participieren,¹) jedes nach seiner Weise in den Besitz des höchsten und letzten Gutes, das Gott selbst ist, gelangen. Wie ist aber dies möglich? Gott kann ja einem geschaffenen Wesen nicht zu eigen werden.

Dies ist nur dadurch möglich, dafs, wie vorher auseinandergesetzt worden ist, Gott nicht blofs als Gegenstand des Verlangens, sondern vor allem als schöpferische Ursache auf die Dinge einwirkt. Ist Gott so das Ziel aller Dinge, dafs er denselben zugleich das Sein und die Fähigkeit zum Handeln gegeben, so gilt der Grundsatz: omne agens agit sibi simile: die Verwirklichung des Vorbildes, das jede vernünftige Ursache bei jeder Handlung als deren Richtschnur in sich trägt, ist das Ziel der Handlung.²)

---

¹) ibidem: Oportet quod eo modo effectus tendat in finem, quo agens propter finem agit. Deus autem, qui est primum agens omnium rerum, non sic agit quasi sua actione aliquid acquirat, sed quasi sua actione aliquid largiatur, quia non est in potentia ut aliquid acquirere possit, sed solum actu perfecto, ex quo potest aliquid elargiri. Res igitur non ordinantur in Deum sicut in finem cui aliquid acquiratur, sed ut ab ipso ipsummet suo modo consequantur, quum ipsemet sit finis.

²) S. c. g. III, cp. 19: ex hoc quod acquirunt divinam bonitatem res creatae, similes Deo constituuntur. Si igitur res omnes in Deum sicut in ultimum finem tendunt, ut ipsius bonitatem consequantur, sequitur quod ultimus rerum finis sit Deo assimilari..... Praeterea, res omnes creatae sunt quaedam imagines primi agentis, scilicet Dei; agens enim agit sibi simile; perfectio enim imaginis est ut repraesentet suum exemplar per similitudinem ad ipsum; ad hoc enim imago constituitur. Sunt igitur res omnes propter divinam similitudinem consequendam sicut propter ultimum finem.

Die Geschöpfe sind demnach als Wirkungen Gottes ihrem Wesen und ihrer eigentlichen Bestimmung nach Abbilder der göttlichen Wesenheit und Vollkommenheit. Ihre Vollkommenheit besteht darin, daſs sie durch ihre Ähnlichkeit mit dem ewigen, göttlichen Vorbilde dieses zur Darstellung bringen und seine Herrlichkeit verkünden. An der göttlichen Vollkommenheit teil haben und Gott ähnlich werden, sind ein und dasselbe.

Der hl. Thomas führt diesen Gedanken noch weiter aus; er untersucht besonders noch sehr eingehend, wie die einzelnen Dinge, jedes in seiner Weise, Gott ähnlich werden. Im allgemeinen sind es alle Geschöpfe durch ihre Wesenheit und Existenz und durch ihre Handlungen, durch welche sie Gottes hervorbringendes Handeln nachahmen.[1] Aber eben in ihrer verschiedenen Wesenheit liegt auch der Grund, warum alle in verschiedenem Grade Gott ähnlich sind. Da Gott seine unendliche Güte und Vollkommenheit in absoluter Einheit besitzt,[2] oder besser, gesagt, diese selbst ist, so sind die Geschöpfe Gott um so ähnlicher, je

---

[1] S. c. g. III. cp. 21 .... Res intendunt in divinam similitudinem etiam in hoc quod sunt causae aliorum. — Agens intendit sibi assimilare patiens, non solum quantum ad esse ipsius, sed etiam quantum ad causalitatem. Gerade diese Stellen sind auch insofern von besonderer Bedeutung, als aus ihnen, was oben schon dargelegt wurde, klar erhellt, daſs die Geschöpfe sowohl in ihrem Sein als in ihrem Handeln — und letzteres ist vorzüglich Objekt der Moral — Gott zum Ziele haben nicht bloſs als ἐρώμενον, sondern weil sie von Gott als ihrer ersten Ursache darauf hingeordnet sind.

[2] S. c. g. III, cp. 20: Bonitatem (divinam) non assequuntur creaturae eo modo sicut in Deo est, licet divinam bonitatem unaquaeque res imitetur secundum suum modum: Divina enim bonitas simplex est, quasi tota in uno consistens; ipsum enim divinum esse omnem plenitudinem perfectionis obtinet. Unde, quum unumquodque in tantum sit bonum in quantum est perfectum, ipsum divinum esse est eius perfecta bonitas; idem enim est Deo esse, vivere, sapientem esse, beatum esse, et quidquid aliud ad perfectionem et bonitatem videtur

einfacher ihre Wesenheit ist, und je mehr der Einheit sich nähernd die Akte, durch welche sie wirken. Diese Anschauung ist auch für später von Bedeutung, wie wir sehen werden, nämlich dort, wo es sich darum handeln wird, die wesentliche Bestimmung der Glückseligkeit des Menschen im Erkenntnisakte zu finden.

Indem der hl. Thomas die Verähnlichung mit Gott als Endziel der Dinge bezeichnet, fafst er die Zweckbestimmung der Dinge Aristoteles gegenüber von einem neuen Gesichtspunkte aus auf. Zwar meint Jourdain,[1]) der hl. Thomas habe damit nur die Lehre des Aristoteles erneuert; aber es findet sich bei Jourdain keine Belegstelle hiefür. Es ist ja gewifs zuzugestehen, dafs die Lehre von der Verähnlichung mit Gott in den Prinzipien des Stagiriten liege. Aristoteles berührt auch diesen Gedanken einmal sehr nahe. Im 10. Buche der Ethik[2]) nämlich preist er die σοφία als des Menschen höchste Glückseligkeit unter anderem auch besonders deshalb, weil durch sie die Menschen den Göttern ähnlich werden. Aber er geht nicht weiter, obwohl sein Lehrer Plato im Theaetet[3]) es bereits als Aufgabe des

---

pertinere quasi tota divina bonitas sit ipsum divinum esse. — Rursum, quia ipsum divinum esse est ipsius Dei existentis substantia. In aliis autem rebus hoc accidere non potest; ostensum est enim (l. II, cp. 52), quod nulla substantia creata est ipsum suum esse. — Est autem alio modo creaturae bonitas a bonitate divina deficiens. Nam, sicut dictum est, Deus in ipso suo esse summam perfectionem obtinet bonitatis; res autem creata suam perfectionem **non possidet in uno, sed in multis**. Quod enim est in supremo unitum, multiplex in infimis invenitur.

[1]) Jourdain, La philosophie de S. Thomas d'Aquin I, 345.
[2]) Eth. Nic. X. 1177 b. 26: ὁ δὲ τοιοῦτος ἂν εἴη βίος κρείττων ἢ κατ᾽ ἄνθρωπον. οὐ γὰρ ᾗ ἄνθρωπός ἐστιν οὕτω βιώσεται, ἀλλ᾽ ᾗ θεῖόν τι ἐν αὐτῷ ὑπάρχει und 1179 a 24: ὁ κατὰ νοῦν ἐνεργῶν καὶ τοῦτον θεραπεύων καὶ διακείμενος ἄριστα καὶ θεοφιλέστατος ἔοικεν εἶναι.
[3]) Plato, Theaetet. 176 A.: πειρᾶσθαι χρὴ ἐνθένδε ἐκεῖσε φεύγειν ὡς τάχιστα, φυγὴ δὲ ὁμοίωσις τῷ θεῷ κατὰ τὸ δυνατόν·

Menschen bezeichnet hatte, die Verähnlichung mit Gott zu suchen. Aristoteles unterläfst es zu sagen, dafs in der Verähnlichung mit Gott der eigentliche Endzweck des Menschen und der Dinge liege. Dagegen läfst des Aquinaten Ausdrucksweise in dieser Beziehung an Klarheit nichts zu wünschen übrig. Von vorneherein ist nach ihm den Dingen die Bestimmung gegeben, Gott ähnlich zu werden: Res omnes creatae sunt quaedam imagines primi agentis sc. Dei; agens enim agit sibi simile. Perfectio enim imaginis est, ut repraesentet suum exemplar per similitudinem ad ipsum: ad hoc enim imago constituitur. Sunt igitur res omnes propter divinam similitudinem consequendam sicut propter ultimum finem.[1]) Bei Aristoteles erscheint die eigene Vervollkommnung des Dinges und des Menschen als das eigentliche und primäre Moment des letzten Zieles; indem die Dinge vollkommen sind, sind sie auch Gott, dem sie zustreben, ähnlich. Bei Thomas ist dagegen das primäre Moment, welches Gott bei der Schöpfung vor Augen hatte, die Ähnlichkeit der Dinge mit seiner Wesenheit. Wesen zu bilden, welche seine eigene Vollkommenheit offenbarten, war der Zweck, welchen Gott erreichen wollte. Indem die Dinge aber Gott ähnlich werden, erreichen sie auch die ihnen eigentümliche Vollkommenheit. Diese Unterscheidung ist nur dadurch ermöglicht, dafs man annimmt, Gott wirke nicht blofs als Endursache, als Gegenstand des Verlangens auf die Dinge, sondern auch als erste, wirkende Ursache, welche bei Hervorbringung der Geschöpfe einen bestimmten Zweck im Auge hat, auf den als ihren letzten Endzweck alle geschaffenen Wesen hingeordnet sind.

ὁμοίωσις δὲ δίκαιον καὶ ὅσιον μετὰ φρονήσεως γενέσθαι. — cfr. Zeller, die Philosophie der Griechen II, 1 pg. 870.

[1]) S. c. g. III. cp. 19.

Wer sieht nicht ein, welche Tragweite für die Moral diese Unterscheidung zwischen der Verähnlichung mit Gott als dem ersten und obersten Ziel, und der eigenen Vervollkommnung als dem zweiten, untergeordneten, wenn auch mit dem ersten unmittelbar gegebenen Ziele der Geschöpfe hat! Hier kann von einer egoistischen Moral, von einem einseitigen Eudaimonismus, der nicht ganz mit Unrecht Aristoteles hin und wieder vorgeworfen wird, keine Rede mehr sein. Trägt diese oder jene Handlung zu meiner Glückseligkeit bei? Die Beantwortung dieser Frage ist nicht das Letzte und Entscheidende, sondern vielmehr diese: erfülle ich durch diese oder jene Handlung meine eigentliche Aufgabe, Gott ähnlich zu sein und dadurch als sein Ebenbild seine Herrlichkeit zu verkünden.

Zweiter Abschnitt.

Das höchste Gut im objektiven Sinne.

Endziel und höchstes Gut, daher auch Endziel und Glückseligkeit decken sich; ist des Menschen Streben auf ein Endziel gerichtet, dann auch auf das höchste Gut, auf seine höchste Vervollkommnung, auf seine Glückseligkeit. Da im vorigen Kapitel nachgewiesen, daſs des Menschen höchstes Ziel, also auch sein höchstes Gut, in der Verähnlichung mit Gott besteht, so ist damit wenigstens im allgemeinen auch die Glückseligkeit mitbestimmt: sie besteht im Besitze Gottes, in der Vereinigung mit Gott. Gleichwohl aber geht der Aquinate noch genauer auf die Frage, worin des Menschen Glückseligkeit bestehe, ein und widmet ihr noch zwei Quästionen in der theologischen und mehrere Kapitel in der philosophischen Summe.

Über die Methode, die er einschlägt, ist etwas zu bemerken, ehe wir ihm in der Untersuchung selbst folgen, weil er hierin von Aristoteles, seinem Vorbilde und seiner Hauptquelle abweicht. Es wird sich zeigen, daſs diese Methode nicht bloſs der Vorliebe für Einteilungen und Distinktionen entsprungen ist, sondern der Sicherheit der Forschung und der Klarheit der Darstellung wesentliche Dienste leistet.

Der hl. Thomas hält streng auseinander die Glückseligkeit im objektiven und subjektiven Sinne.[1]) Aristoteles

---

[1]) S. th. 1, 2 q2 a1 prooem.: Considerandum est de beatitudine. Primo quidem, in quibus sit. Secundo, quid sit.

hat diese Unterscheidung nicht getroffen. Er fafst sofort die subjektive,[1]) psychologische Seite der Glückseligkeit ins Auge, sucht das Edelste in der Menschenseele und findet in der tugendhaften Bethätigung des Besten in der Seele das Wesen der Glückseligkeit. Und doch wäre durch die Verlegung der Glückseligkeit in eine Seelenthätigkeit der Hinweis auf die Bestimmung des Objektes gegeben gewesen, da ja jede psychologische Thätigkeit wesentlich objektiv ist, daher für die wesentliche Bestimmung einer psychologischen Thätigkeit immer auch die besondere Bestimmung ihres Formalobjektes notwendig ist.

Man könnte übrigens dennoch meinen, Aristoteles scheide in gleicher Weise wie Thomas. Er sagt nämlich ganz klar: darin stimmen alle überein, dafs in der Glückseligkeit das letzte Ziel und das höchste Gut des Menschen bestehe; worin aber hinwiederum dieses bestehe, darüber besteht Streit und Divergenz der Ansichten.[2]) Allerdings! Aber bei näherem Zusehen ergibt sich, dafs Thomas weiter unterscheidet. Diese Unterscheidung des Aristoteles trifft zusammen mit einer anderen, welche sich auch bei Thomas findet,[3]) aber hier nicht in Frage steht. Qu. I. a. 7., wo nach der Übereinkunft aller Menschen in dem einen Endziele gefragt ist, unterscheidet der Aquinate zwischen der ratio ultimi finis und dem Gegenstande, in welchem die ratio ultimi finis verwirklicht ist. Die ratio ultimi finis,

---

[1]) Arist. Eth. Nic. I. 1098 a 16: τὸ ἀνθρώπινον ἀγαθὸν ψυχῆς ἐνέργεια γίνεται κατ' ἀρετήν, εἰ δὲ πλείους αἱ ἀρεταί, κατὰ τὴν ἀρίστην καὶ τελειοτάτην.

[2]) ib. 1095 a 16: ὀνόματι μὲν οὖν σχεδὸν ὑπὸ τῶν πλείστων ὁμολογεῖται. τὴν γὰρ εὐδαιμονίαν καὶ οἱ πολλοὶ καὶ οἱ χαρίεντες λέγουσιν .... περὶ δὲ τῆς εὐδαιμονίας, τί ἐστιν ἀμφισβητοῦσιν.

[3]) S. th. 1, 2 ql a7: de ultimo fine possumus dupliciter loqui: uno modo secundum rationem ultimi finis; alio modo secundum id, in quo ratio ultimi finis invenitur.

in Bezug auf welche alle übereinstimmen, ist die höchste, erreichbare Vervollkommnung und fällt zusammen mit dem, was Aristoteles meint, indem er sagt, darüber seien alle einig, dafs des Menschen höchstes Gut die Glückseligkeit sei; doch weil damit keine sachliche Bestimmung der Glückseligkeit gegeben sei, sondern nur eine dem Namen nach, müsse man untersuchen, worin vielmehr diese liege.[1]) In dieser letzten Frage nun unterscheidet der hl. Thomas weiter zwischen einem objektiven und subjektiven Momente der Glückseligkeit. Die Frage nach dem ersten, dem höchsten Gut im objektiven Sinne, wird in der 2. Quästion beantwortet. In dem Resultate dieser Untersuchung liegt schon ein Hinweis auf die Beantwortung der zweiten Frage, nämlich, worin von seite des Menschen die Glückseligkeit bestehe: darin nämlich, wodurch er das höchste objektive Gut erreichen kann, in der Bethätigung des Intellektes und des Willens.

Wie schon gesagt, ist in dem ersten Abschnitte durch die Feststellung des Endzieles des Menschen die Frage nach dem höchsten Gut im objektiven Sinne schon beantwortet; gleichwohl geht der hl. Thomas wegen der Wichtigkeit des Fragepunktes und der grofsen Verschiedenheit der Anschauungen genauer auf die Frage ein. Man kann diesen Abschnitt als „Güterlehre" bezeichnen.

Die Güterlehre zerfällt in zwei Abschnitte: einem negativ-kritischen und einem positiven. Vielfach herrscht im ersten Teile eine volle Übereinstimmung zwischen dem Aquinaten und dem Stagiriten; viele Gedanken der theologischen und philosophischen Summen sind der Ethik des Aristoteles entlehnt. Im entscheidenden Punkte jedoch weicht Thomas von Aristoteles ab.

---

[1]) Arist. l. c. 1095 a 16.

Zunächst treffen wir die nämliche Einteilung der Güter in äufsere Güter, Güter des Leibes und der Seele wie bei Aristoteles.[1]) Unter den äufseren Gütern zählt der hl. Thomas auf: Reichtum, Ehre, Ruhm und Macht. In ihnen ist das höchste Gut des Menschen nicht zu suchen. Die Gründe für diese negative Antwort sind fast durchweg nur eine neue Fassung und Erweiterung der von Aristoteles angeführten. Der Reichtum, den er im Anschlufs an des Aristoteles Politica in einen natürlichen und künstlichen teilt, ist ihm nicht das höchste Gut, weil in ihm nicht das letzte Ziel des Menschen liegt; ist er ja um eines anderen willen vorhanden. Aristoteles nennt den Erwerb des Reichtums auch noch βίαιος,[2]) gewaltthätig, beunruhigend. In einer etwas anderen Wendung gibt Thomas diesen Gedanken. Er bezeichnet den Reichtum als aufregend, weil nicht befriedigend. Das Verlangen nach (künstlichem) Reichtum sei wegen der ungeordneten Begierde gewissermafsen unendlich, ohne jemals zur Ruhe zu kommen; während es dem wahren unendlichen Gute eigen ist, immer mehr geliebt zu werden, je mehr es erkannt wird, entsteht gegen den Reichtum immer mehr Abneigung, je sicherer und länger dauernd sein Besitz ist. So ist er eine beständige Marter.[3])

---

[1]) Arist. l. c. 1098 b 13: νενεμημένων δὴ τῶν ἀγαθῶν τριχῇ, καὶ τῶν μὲν ἐκτὸς λεγομένων, τῶν δὲ περὶ ψυχὴν καὶ σῶμα, τὰ περὶ ψυχὴν κυριώτατα λέγομεν καὶ μάλιστα ἀγαθά.

[2]) Arist. Eth. Nic. I. 1096 a 6: ὁ δὲ χρηματιστὴς βίαιός τις ἐστίν· καὶ ὁ πλοῦτος δῆλον ὅτι οὐ τὸ ζητούμενον ἀγαθόν. χρήσιμον γὰρ καὶ ἄλλου χάριν.

[3]) S. th. 1, 2 q2 a1 ad 3: appetitus divitiarum artificialium est infinitus, quia deservit concupiscentiae inordinatae, quae non modificatur, ut patet per philosophum. Aliter tamen est infinitum desiderium divitiarum, et desiderium summi boni. Nam summum bonum quanto perfectius possidetur, tanto ipsum magis amatur et alia

Die Unterscheidung zwischen honor und gloria kennt Aristoteles nicht. Was Thomas mit honor bezeichnet, fällt jedenfalls mit dem aristotelischen τιμή zusammen; denn der hl. Thomas entnimmt, um das Unzulängliche der Ehre zu erweisen, dem Stagiriten[1]) jenen Grund, welchen dieser gegen die Annahme, in der τιμή liege des Menschen Glückseligkeit, anführt: honor non est in eo, qui honoratur, sed magis in honorante, qui reverentiam exhibet honorato.[2]) Aus letzterem leuchtet ein, was unter honor verstanden wird, nämlich die erwiesenen Ehrenbezeugungen. Es ist klar, dafs diese mehr ein Zeichen der Glückseligkeit als diese selbst sind; denn sie werden dem erwiesen, der sich „auszeichnet", also vollkommen ist, also die Glückseligkeit, die eigene Vollkommenheit schon besitzt.

Die „gloria" dagegen erklärt Thomas im Anschlufs an Ambrosius als „clara notitia cum laude." Weil die clara notitia d. i. das Bekanntsein bei den Mitmenschen, ein wesentliches Moment des Ruhmes bildet, kann im Ruhme nicht das höchste Gut des Menschen liegen. Denn als solches müfste sein Besitz glücklich und vollkommen machen; die menschliche Erkenntnis schafft aber ihr Objekt nicht, sondern setzt es bereits voraus; demgemäfs erscheint der Ruhm eher als Folge der Vollkommenheit und Glückseligkeit denn als Ursache.[3])

contemnuntur; quia quanto magis habetur, magis cognoscitur; et ideo dicitur: qui edunt me, adhuc esurient. Sed in appetitu divitiarum et quorumcumque temporalium bonorum est e converso. Nam quando iam habentur, ipsa contemnuntur, et alia appetuntur.... et hoc ideo, quia eorum insufficientia magis cognoscitur, cum habentur.

[1]) Eth. Nic. I. 1095 b 24: οἱ χαρίεντες καὶ πρακτικοὶ τιμήν. τοῦ γὰρ πολιτικοῦ βίου σχεδὸν τοῦτο τέλος. φαίνεται δὲ ἐπιπολαιότερον εἶναι τοῦ ζητουμένου. δοκεῖ γὰρ ἐν τοῖς τιμῶσι μᾶλλον εἶναι ἢ ἐν τῷ τιμωμένῳ. τἀγαθὸν δὲ οἰκεῖόν τε καὶ δυσαφαίρετον εἶναι μαντευόμεθα.

[2]) S. tb. 1, 2 q2 a2.

[3]) ib. a 3: gloria nihil aliud est quam „clara cum laude notitia", ut Ambrosius dicit. Res autem cognita aliter comparatur ad cog-

Auch von der „potestas" spricht Aristoteles nicht eigens, hat sie aber wohl im Auge, da er von der τιμή spricht, welche mit dem öffentlichen Leben verbunden ist. Thomas schliefst sie von der Glückseligkeit aus, weil sie indifferent ist zu gutem und schlechtem Gebrauch, während die Glückseligkeit alles Üble schlechthin unmöglich macht.[1])

Eingehender als sein Vorbild begründet Thomas seine Anschauung, dafs auch die Güter des Leibes, wie die Erhaltung des leiblichen Lebens, die Gesundheit, nicht die Glückseligkeit begründen können; sie widerstreiten alle dem wesentlichen Momente der Glückseligkeit, letztes Ziel zu sein. Der Leib mit all' seinen Gütern ist nicht Endziel des menschlichen Strebens; er ist ja auf die Seele hingeordnet und ist um der Seele willen da (wie die Materie wegen der Form), damit sie sich zur Vollbringung ihrer Akte desselben bediene.[2])

nitionem divinam, et aliter ad cognitionem humanam. Humana enim cognitio a rebus cognitis causatur; sed divina cognitio est causa rerum cognitarum. Unde perfectio humani boni, quae beatitudo dicitur, non potest causari a notitia humana; sed magis notitia humana de beatitudine alicuius procedit et quodammodo causatur ab ipsa humana beatitudine vel inchoata, vel perfecta. Et ideo in fama vel in gloria non potest consistere hominis beatitudo.

[1]) S. th. ib. a 4: potestas se habet ad bonum et ad malum; beatitudo autem est proprium et perfectum hominis bonum: unde magis posset consistere beatitudo aliqua in bono usu potestatis, qui est per virtutem, quam in ipsa potestate.

[2]) S. th. ib. a5 ... Dato quod finis rationis et voluntatis humanae esset conservatio humani esse, non tamen posset dici, quod finis hominis esset aliquod corporis bonum. Esse enim hominis consistit in anima et corpore; et quamvis esse corporis dependeat ab anima, esse tamen humanae animae non dependet a corpore, ut supra ostensum est (1 q75 a1 et q90 a4), ipsumque corpus est propter animam sicut materia propter formam et instrumenta propter motorem, ut per ea suas actiones exerceat; unde omnia bona corporis ordinantur ad bona animae sicut in finem.

Einen eigenen Artikel[1]) widmet der Aquinate auch der Frage, ob etwa im Ergötzen, in der Lust der objektive Grund unserer Glückseligkeit liege. Die Antwort kann nur verneinend ausfallen. Aus der Begründung und Erklärung ergibt sich der genaue Anschlufs des Aquinaten auch in der Auffassung der Lust und ihrer Berechtigung an den Stagiriten. Letzterer weist die Ansicht, nach welcher viele im sinnlichen Ergötzen die höchste Glückseligkeit finden wollen, damit ab, dafs er auf das Unwürdige dieser Lebensweise hinweist, welche dadurch nur einen Schein von Vernünftigkeit empfängt, dafs viele Vornehme und Vermögliche ihr huldigen.[2]) Der hl. Thomas geht etwas tiefer ein und argumentiert aus dem wesentlichen Verhältnis der Lust zu ihrer Ursache und aus dem Begriffe des Endzieles. Er spricht zunächst von der Lust oder dem Ergötzen im allgemeinen, welches sowohl geistig als sinnlich sein kann. Das Ergötzen überhaupt kann nicht der wesentliche Grund der Glückseligkeit sein, noch viel weniger die sinnliche Lust. Denn die Freude setzt den Besitz eines Gutes voraus, ist also eine Folge des durch den Besitz, sei es des Guten schlechthin, sei es eines teilweisen Gutes, begründeten glückseligen Zustandes. Was sich aber als Folge verhält und wenn auch als notwendige, kann nicht der wesentliche Grund selbst sein.[3])

[1]) S. th. ib. a 6.
[2]) Eth. Nic. I. 1095 b 16 f. .... οἱ πολλοὶ καὶ φορτικώτατοι τὴν ἡδονὴν, διὸ καὶ τὸν βίον ἀγαπῶσι τὸν ἀπολαυστικόν .... οἱ μὲν πολλοὶ παντελῶς ἀνδραποδώδεις φαίνονται βοσκημάτων βίον προαιρούμενοι, τυγχάνουσι δὲ λόγου διὰ τὸ πολλοὺς τῶν ἐν ταῖς ἐξουσίαις ὁμοιοπαθεῖν Σαρδαναπάλλῳ.
[3]) S. th. ib. a 6: Respondeo dicendum quod quia delectationes corporales pluribus notae sunt, assumpserunt sibi nomen voluptatum. In quibus tamen beatitudo principaliter non consistit; quia in unaquaque re aliud est quod pertinet ad essentiam eius aliud est proprium cacidens ipsius: sicut in homine aliud est quod est animal rationale

Es ist auf den ersten Blick klar, dafs der Aquinate mit diesen Ausführungen über das Verhältnis von Lust und Glückseligkeit der Auffassung des griechischen Philosophen huldigt. Allerdings ist es nicht derselbe Wortlaut, wenn Thomas sagt, delectatio est quoddam consequens ad essentiam beatitudinis sicut per se accidens, und Aristoteles: τελειοῖ τὴν ἐνέργειαν ἡ ἡδονή.[1]) Aber aus den Erklärungen, welche Aristoteles über die Art der Vervollkommnung gibt, und der Bedeutung, welche das proprium (per se) accidens[2]) bei Thomas hat, ergibt sich der gleiche Sinn. Nicht als ob die Lust der wesentliche Grund der Vollkommenheit einer Handlung wäre, vollendet sie dieselbe, sondern, indem sie aus der Vollkommenheit der Handlung als deren natürliche Folge entspringt, wie die blühende Gesichtsfarbe nicht der Grund der männlichen Kraft ist,[3]) sondern aus ihr hervorgeht. In gleiches Verhältnis zur Vollkommenheit und Glückseligkeit wird die Lust gesetzt, wenn sie als proprium accidens bezeichnet wird; als solches setzt sie die Wesenheit und Vollkommenheit bereits voraus, geht aber daraus als notwendige, vervollkommnende und

mortale, aliud quod est risibile. Est igitur considerandum quod omnis delectatio est quoddam proprium accidens quod consequitur beatitudinem, vel aliquam beatitudinis partem. Ex hoc enim aliquis delectatur, quia habet bonum aliquod sibi conveniens vel in re, vel in spe, vel saltem in memoria. Bonum autem conveniens, si quidem sit perfectum, est ipsa hominis beatitudo; si autem sit imperfectum, est beatitudo quaedam participata, vel propinqua, vel remota, vel saltem apparens. Unde manifestum est quod nec ipsa delectatio, quae sequitur bonum perfectum, est ipsa essentia beatitudinis, sed quoddam consequens ad ipsam sicut per se accidens.

[1]) Eth. Nic. X. 1174 b 18.

[2]) Dieser Ausdruck erinnert an die Stelle in Eth. Nik. X. 1175 b 21: οἰκεῖαι (ἡδοναί) εἰσὶν αἱ ἐπὶ τῇ ἐνεργείᾳ καθ' αὑτὴν γενόμεναι.

[3]) ib. 1174 b 33: τελειοῖ δὲ τὴν ἐνέργειαν ἡ ἡδονὴ οὐχ ὡς ἡ ἕξις ἐνυπάρχουσα, ἀλλ' ὡς ἐπιγιγνόμενόν τι τέλος οἷον τοῖς ἀκμαίοις ἡ ὥρα.

die Vollkommenheit abschliefsende Bestimmung hervor. Die gleiche Übereinstimmung mit Aristoteles in der Auffassung der Lust bekundet Thomas auch in seinen eingehenderen Erörterungen über ihr Wesen, ihre Ursachen und Unterschiede in S. th. 1, 2 q 31 f.

Ist nun die Lust im allgemeinen nicht der objektive Grund der menschlichen Glückseligkeit, dann noch weniger die körperliche Lust, und zwar noch aus einem besonderen Grunde.[1]) Sie steht ja zum Zustande der Glückseligkeit nicht einmal im Verhältnis eines proprium accidens. Sie geht nicht unmittelbar hervor aus jenem (noch nicht) bestimmten Zustande, welcher die Glückseligkeit des Menschen ausmacht, sondern ist die Folge eines durch körperliche Sinne erfassten körperlichen oder sinnlichen Gutes. Es ist aber oben schon gezeigt worden, dafs in keinem körperlichen Gute des Menschen Glückseligkeit begründet sein kann. Die geistige Seele des Menschen, frei von

---

[1]) S. th l. c. a 6: Voluptas autem corporalis non potest etiam modo praedicto sequi bonum perfectum: nam sequitur bonum quod apprehendit sensus, qui est virtus animae corpore utens; bonum autem quod pertinet ad corpus, quod apprehenditur secundum sensum, non potest esse perfectum hominis bonum. Cum enim anima rationalis excedat proportionem materiae corporalis, pars animae quae est ab organo corporeo absoluta, quandam habet infinitatem respectu ipsius corporis, et partium animae corpori concreatarum sicut invisibilia sunt quodammodo infinita respectu materialium, eo quod forma per materiam quodammodo contrahitur et finitur; unde forma a materia absoluta est quodammodo infinita. Et ideo sensus qui est vis corporalis, cognoscit singulare, quod est determinatum per materiam; intellectus vero qui est vis a materia absoluta, cognoscit universale, quod est abstractum a materia et continet sub se infinita singularia. Unde patet quod bonum conveniens corpori, quod per apprehensionem sensus delectationem corporalem causat, non est perfectum bonum hominis, sed est minimum quiddam in comparatione ad bonum animae. Unde Sap. VII. 9 dicitur quod omne aurum in comparatione sapientiae arena est et exigua.

den begrenzenden Bestimmungen eines materiellen Organes, steht allem Körperlichen in einem gewissen Sinne wie ein Unendliches dem Endlichen gegenüber, kann daher nie durch ein von den Sinnen erfafstes Gut glückselig werden. Der Sinn erfafst ja nur das Singuläre, der Geist das Allgemeine, das unendlich viele singuläre Güter in sich schliefst. So kann ein sinnlich erkanntes Gut nicht des Menschen höchstes Gut sein, noch weniger das aus dessen Besitz erfolgende Ergötzen; vielmehr erscheint dieses als etwas kaum Beachtenswertes im Vergleich zu dem der Seele eigentümlichen Gute. Veranlassung zu diesen schönen Gedanken gab dem Aquinaten die Schriftstelle Sap. VII, 9: omne aurum in comparatione sapientiae arena est et exigua.

Gegen das negative Ergebnis dieser Erörterung kann nicht eingewendet werden,[1]) dafs die Lust um ihrer selbst willen, also wie das höchste Gut verlangt werde. Denn die Gründe, warum beide, die Lust und das höchste Gut, um ihrer selbst willen begehrt werden, sind verschieden. Wenn die Lust auch nicht in einem Anderen ihr Ziel hat, so trägt sie gleichwohl das Motiv, den Grund, um dessenwillen sie Gegenstand des Verlangens ist, nicht in sich, während die Glückseligkeit sowohl ihr eigenes Ziel ist, als auch ihr eigenes Motiv, durch welches sie das Verlangen anregt, in sich trägt; es wird also das Ergötzen, wenn es auch nicht als Mittel ein

---

[1]) ib. ad 1... dicendum quod eiusdem rationis est quod appetatur bonum, et quod appetatur delectatio, quae nihil est aliud quam quietatio appetitus in bono; sicut ex eadem virtute naturae est quod grave feratur deorsum, et quod ibi quiescat. Unde sicut bonum propter seipsum appetitur, ita et delectatio propter se, et non propter aliud appetitur, si ly propter dicat causam finalem: si vero dicat causam formalem vel potius causam motivam, sic delectatio est appetibilis propter aliud, id est propter bonum quod est delectationis obiectum, et per consequens est principium eius et dat ei formam. Ex hoc enim delectatio habet quod appetatur, quia est quies in bono desiderato.

höheres Ziel zu erreichen dient, dennoch nicht um seiner selbst willen verlangt. Das Motiv liegt vielmehr in dem Gute, aus dessen Besitz sich die Lust als vervollkommnende Bestimmung ergibt. Bezeichnet demnach das propter, sagt Thomas, die Zweckursache, so kann gesagt werden: non propter aliud delectatio est appetibilis; wird aber damit das Motiv verstanden, dann gilt der Satz: delectatio est appetibilis propter aliud i. e. propter bonum, quod est delectationis obiectum. In dieser Widerlegung verwertet augenscheinlich Thomas in eigener Weise einen aristotelischen Gedanken. Wenn auch, sagt der Stagirite, die Lust die letzte Vollendung der Glückseligkeit ist, so wird ein Gut doch nicht um der aus ihm entspringenden Lust willen gepriesen und gewünscht; vielmehr zeigt die Erfahrung, dafs eine Thätigkeit dennoch als in sich vollendet und erstrebenswert gilt, wenn sie auch von Lustgefühl nicht begleitet wird.[1]) So verlegt denn der Stagirite das wesentliche Moment, damit auch den Grund des Verlangens nicht in die Lust, sondern in das Gut, aus dem die Lust entspringt.

Besteht demnach das höchste Gut weder in äufseren Gütern noch in denen des Leibes, so bleiben nur mehr die der Seele übrig. In der Betrachtung der äufseren und leiblichen Güter tritt, abgesehen von mancher, dem Aquinaten eigentümlichen Begründung, keine Verschiedenheit zwischen Thomas und Aristoteles zu Tage. In der Beurteilung der Seelengüter aber trennt sich Thomas von Aristoteles.

Letzterer betrachtet die Güter der Seele als die vorzüglichsten und eines aus ihnen, die der vollkommensten Tugend entsprechende Thätigkeit,[2]) als das höchste und

---

[1]) Eth Nic. X. 1174 a 4: περὶ πολλὰ ποιησαίμεθ' ἂν σπουδὴν καὶ εἰ μηδεμίαν ἐπιφέροι ἡδονήν.

[2]) ib. I. 1098 a 16: τὸ ἀνθρώπινον ἀγαθὸν ψυχῆς ἐνέργεια γίνεται κατ' ἀρετήν.

allein um seiner selbst willen erstrebenswerte, durch sich allein vollständig des Menschen Verlangen befriedigende Gut, mit dem zugleich die reinste und höchste Lust verbunden sei.[1)]

Der hl. Thomas negiert nun diese Anschauung nicht schlechthin; aber hier wird offenbar, was die am Anfang des Abschnittes besprochene Art der thomistischen Untersuchung wie im Keime in sich schliefst. Sie führt zur teilweisen Verneinung der aristotelischen Behauptung, des Menschen höchstes Gut und Glückseligkeit liege in einem Gute der Seele. Wird nämlich unter Glückseligkeit oder dem höchsten Gute der Besitz oder der Genufs des höchsten Gutes verstanden, so ist es richtig, die Glückseligkeit als Gut der Seele, welches entweder die Seele selbst oder irgend etwas in der Seele, wie eine Thätigkeit ist, zu bezeichnen. Denn durch seine Seele, resp. deren Thätigkeit, erreicht der Mensch seine Glückseligkeit. Es kann und mufs aber der Begriff des höchsten Gutes auch noch in einem anderen, im objektiven Sinne genommen werden. Man versteht darunter den Gegenstand, in dessen Besitz zu kommen der Mensch verlangt, weil in ihm alles Gute verwirklicht ist. In diesem Sinne betrachtet kann unmöglich das höchste Gut die Seele, weder sie selbst, noch etwas von und an ihr, sein. Nicht die Seele noch ein Vermögen derselben, noch ein von ihr gesetzter Akt können das vollkommene Gut und demnach das letzte Ziel menschlichen Verlangens sein. Warum kann die Seele das vollkommene Gut nicht sein? Ipsa anima in se considerata est ut in potentia existens; fit enim de potentia sciente actu sciens; et de potentia virtuosa actu virtuosa. Cum autem potentia sit propter actum sicut propter comple-

---

[1)] ib. I. 1099 a 4: . . . ἔστι δὲ καὶ ὁ βίος αὐτῶν καθ' αὐτὸν ἡδύς. τὸ μὲν γὰρ ἥδεσθαι τῶν ψυχικῶν . . . . . . οὐδὲν προσδεῖται τῆς ἡδονῆς ὁ βίος αὐτῶν ὥσπερ περιάπτου τινός ἀλλ' ἔχει τὴν ἡδονὴν ἐν ἑαυτῷ.

mentum, impossibile est quod id quod est secundum se in potentia existens habeat rationem ultimi finis.[1])

Weil demnach die Seele nicht lautere Wirklichkeit ist, demnach nicht reines Sein, also auch nicht gut schlechthin, so kann sie selbst unmöglich ihr eigener Endzweck sein.

Aber auch nicht eine Potenz oder eine Handlung oder ein Zustand der Seele! Denn wenn sie auch als ein Gut betrachtet werden müssen, so sind sie doch nicht das Gute schlechthin, sondern als etwas der Seele Inhärierendes nur ein bonum participatum, nur ein Anteil am Guten, daher nur ein Teilgut. Ein solches ist aber nicht Endziel, denn es kann des Menschen Verlangen nicht befriedigen; nur ein solches, ein bonum perfectum complens appetitum, kann als Endziel bezeichnet werden. Das menschliche Begehren hat als Wille (voluntas) zum eigentümlichen Objekte nicht dieses oder jenes begrenzte teilweise Gut, sondern das Gute im allgemeinen.[2])

Ohne irgendwie die Absicht einer Polemik gegen Aristoteles zu verraten, hat der scholastische Lehrer die Pfade seines Führers verlassen, das von diesem angenommene Ziel als unzureichend erklärt, und des Menschen wahres und seiner würdiges Ziel über die Region des Geschöpflichen hinausverlegt. Denn aufser den drei besprochenen Klassen von Gütern — die substantiae separatae, von denen in der philosophischen Summe[3]) ausführlich gegen Alexander und Averrhoes gehandelt wird, kommen hier nicht in Betracht, weil sie Aristoteles nicht kennt — gibt es kein geschaffenes Gut mehr. So kann des Menschen höchstes Gut nur Gott sein. Das ergibt sich auch aus dem Begriffe der Glückseligkeit. Sie ist ja das vollkommene

---
[1]) S. th. 1, 2 q 2 a 7.
[2]) ibidem.
[3]) S. c. g. III. cp. 42. 43.

Gut, welches jedes Verlangen befriedigt. Denn sonst wäre sie nicht Endzweck, wenn sie noch etwas zu wünschen übrig ließe. Soll aber etwas das menschliche Begehren vollständig befriedigen, dann muſs es das Gute schlechthin sein; es muſs in ihm das bonum universale verwirklicht sein. Da sich dieses aber in keinem geschaffenen Gute, sondern nur in Gott, der das unendliche Gut wie das unendliche Sein ist, findet, so kann nur Gott allein das höchste Gut des Menschen sein.[1])

So ist Gott, das letzte Ziel aller Dinge, auch des Menschen höchstes Gut.

---

[1]) S. th. 1, 2 q 2 a 8: Impossibile est beatitudinem hominis esse in aliquo bono creato. Beatitudo enim est bonum perfectum, quod totaliter quietat appetitum; alioquin non esset ultimus finis, si adhuc restaret aliquid appetendum. Obiectum autem voluntatis, quae est appetitus humanus, est universale bonum, sicut obiectum intellectus est universale verum. Ex quo patet, quod nihil potest quietare voluntatem hominis nisi bonum universale; quod non invenitur in aliquo creato, sed solum in Deo; quia omnis creatura habet bonitatem participatam. Unde solus Deus voluntatem hominis implere potest, secundum quod dicitur Psal. 102, 5: Qui replet in bonis desiderium tuum. In solo igitur Deo beatitudo hominis consistit.

Dritter Abschnitt.

Von der Glückseligkeit im subjektiven Sinne,
oder
Bestimmung des Wesens der Glückseligkeit.

In der 3. quaestio der Prima Secundae erreichen die Untersuchungen des hl. Thomas über die Glückseligkeit ihren Höhepunkt. Es wird eingehend die Frage erörtert, worin vom subjektiven Standpunkte aus betrachtet die Glückseligkeit bestehe, nachdem dieselbe in Gott, dem absoluten Gute und letzten Ziele aller Dinge, ihren objektiven Grund hat. Man kann auch sagen, dafs in dieser Quästion die psychologische Seite der Glückseligkeit erörtert und dargelegt wird. Vom hl. Thomas selbst ist die Frage als Frage nach dem Wesen der Glückseligkeit — quid sit beatitudo, formuliert. All' diese verschiedenen Fassungen, welche der Frage gegeben werden können, lassen vermuten, dafs sich in diesem Punkte die Verschiedenheit resp. Ähnlichkeit des Aquinaten und Stagiriten am meisten werde offenbaren müssen. So ist es auch. Es treten hier all' die Folgen zu Tage, welche sich aus den früher aufgestellten Differenzpunkten zwischen beiden notwendig ergeben müssen, zugleich aber auch, wie doch der prinzipielle Standpunkt vom Aquinaten mit dem Stagiriten geteilt wird.

1.

Zu Beginn kann eine Art Vorfrage nicht übergangen werden. Da der hl. Thomas vom Wesen der Glückseligkeit spricht und dieses zu bestimmen sucht, so ist vor

Allem nötig, darüber Klarheit zu schaffen, was denn unter dem Wesen der Glückseligkeit verstanden sein will. Hat Aristoteles das gleiche Ziel der Untersuchung im Auge? Die Frage quid sit? wird mit der Angabe der Definition des Dinges beantwortet. Die Definition gibt das Wesen eines Dinges an. Welche Auffassung nun der hl. Thomas vom Wesen der Glückseligkeit habe, erhellt aus verschiedenen Stellen der beiden Summen. So stellt er an einem Orte[1]) die Wesensdefinition der Glückseligkeit der populären Auffassungsweise gegenüber. Dieser, der communis ratio beatitudinis entsprechend, werde von Boëthius die Glückseligkeit definiert als „status omnium bonorum aggregatione perfectus". Wir werden sehen, mit welchem Rechte sich Thomas auf Aristoteles beruft, indem er sagt, der Stagirite drücke in seiner Bestimmung der Glückseligkeit gegenüber dieser allgemeinen Auffassungsweise das Wesen der Glückseligkeit aus, sie als die tugendgemäfse Thätigkeit der Seele bezeichnend. Vorläufig sei nur das hervorgehoben, dafs nach Thomas der durch des Boëthius Definition bezeichnete Zustand der Glückseligkeit als Folge des in der Wesensdefinition Angegebenen anzusehen sei.

An einer anderen Stelle, welche im vorigen Abschnitte schon angezogen worden, stellt der Aquinate das Wesen jeder Sache, daher auch der Glückseligkeit solchen Momenten gegenüber, welche zwar auch zur Sache gehören, aber nicht als deren Wesenheit sich verhalten, vielmehr zu derselben

---

[1]) S. th. 1, 2 q 3 a 2 ad 2: Boethius definiendo beatitudinem, consideravit ipsam communem beatitudinis rationem. Est enim communis beatitudinis ratio quod sit bonum commune perfectum; et hoc significat, cum dixit, quod est „status omnium bonorum aggregatione perfectus"; per quod nihil aliud significatur, nisi quod beatus est in statu boni perfecti. Sed Aristoteles expressit ipsam essentiam beatitudinis, ostendens per quid homo sit in huiusmodi statu, quia per operationem quamdam; et ideo ipse etiam ostendit, quod „beatitudo est bonum perfectum."

hinzukommen. Dort wo er die Frage aufwirft, ob die
Lust es sei, durch welche des Menschen Glückseligkeit
objektiv begründet werde, unterscheidet er zwischen dem,
worin die Glückseligkeit principaliter besteht und dem, was
als sekundäres Element in der Glückseligkeit eingeschlossen
ist; dabei bezeichnet er das erste als das Wesen der
Sache: in unaquaque re aliud est quod pertinet ad
essentiam eius, aliud est proprium accidens ipsius.[1]
Das proprium accidens ist etwas, was aus der Wesenheit
als seinem Grunde hervorgeht. Aus dieser Gegenüberstellung folgt, daſs mit dem Ausdruck „Wesen der Glückseligkeit" nicht die Summe aller in den Zustand
der Vollkommenheit und Glückseligkeit eingeschlossenen Güter verstanden ist, sondern ein
Moment, welches sich zu allen Übrigen als Vorausgesetztes, als deren Grund verhält.

Das Gleiche ergibt sich auch aus einer Stelle der
philosophischen Summe[2]); dort wirft der hl. Thomas die
Frage auf, ob des Menschen Glückseligkeit „in una simplici

[1] l. c. q 2 a 6 und q 3 a 4.
[2] S. c. g III cp. 20 ... Est autem et alio modo creaturae
bonitas a bonitate divina deficiens. Nam, sicut dictum est, Deus in
ipso suo esse summam perfectionem obtinet bonitatis; res autem creata
suam perfectionem non possidet in uno, sed in multis. Quod enim est in
supremo unitum, multiplex in infimis invenitur; unde Deus secundum
idem dicitur esse virtuosus, sapiens et operans; creatura vero, secundum diversa; tantoque perfecta bonitas alicuius creaturae maiorem
multiplicitatem requirit quanto magis a prima bonitate distans invenitur; si vero perfectam bonitatem possit attingere, imperfectam
retinebit in paucis. Et inde est quod, licet primum et summum
bonum sit omnino simplex substantiaeque ei propinquae in bonitate
sint pariter et quantum ad simplicitatem vicinae, infimae tamen substantiae inveniuntur simpliciores quibusdam superioribus eis, sicut
elementa animalibus et hominibus, quia non possunt pertingere ad
perfectionem cognitionis et intellectus quam consequuntur animalia
et homines.

bonitate" bestehe, und antwortet: im objektiven Sinne, insofern Gott das höchste Gut sei, schliefse sie wohl jede Zusammensetzung aus; nicht aber im subjektiven Sinne, da auch das Sein der geschaffenen Dinge um so weniger einfach sei, je weiter das betreffende Ding von Gott seiner Natur nach entfernt sei. Es ist demnach die Glückseligkeit im subjektiven Sinne nicht etwas Einfaches, sondern besteht aus mehreren Momenten. Sie ist daher mit Angabe eines Faktors nicht nach ihrem ganzen Inhalte gezeichnet. Nicht aber alle Momente verhalten sich zur vollkommenen Glückseligkeit in gleicher Weise. Ein Faktor wird als der wesentliche hervorgehoben, wie sich in jedem geschaffenen Wesen ein Merkmal findet, welches als das wesentliche und unterscheidende bezeichnet wird. Wie nun unter diesem einen wesentlichen Merkmal jenes gemeint ist, welches den specifischen Unterschied der Dinge bezeichnet, bei den Pflanzen das Prinzip des vegetativen, beim Tiere des sensitiven, beim Menschen des intellektuellen Lebens, so dürfte auch unter dem Wesen der menschlichen Glückseligkeit nichts anderes gemeint sein als jenes Moment, **durch welches des Menschen Glückseligkeit in sich selbst als menschliche bestimmt und von anderen Zuständen der Vollkommenheit unterschieden wird.** Es ist damit offenbar ein Moment ins Auge gefafst, welches nicht fehlen kann, ohne dafs die Glückseligkeit vollständig vernichtet würde, welches aber, wenn es allein noch vorhanden ist, — wenn dieser Fall nach natürlichen Umständen überhaupt sich als denkbar erweist — die Glückseligkeit begründete. Es ist damit nicht ausgeschlossen, dafs auch noch andere Momente zur Glückseligkeit gehören, sei es vorausgehend oder begleitend, oder daraus hervorgehend. Dieser letzte Gedanke ist besonders deutlich in der 3. Quästion ausgesprochen, wo Thomas sagt: es könne etwas in dreifacher Weise zur

Glückseligkeit gehören: uno modo essentialiter, alio modo antecedenter, tertio modo consequenter.[1]) Dafs Aristoteles in seinen eingehenden Untersuchungen das gleiche Ziel im Auge hat, dürfte sich aus verschiedenen Stellen ergeben. Schon seine Fragestellung, welche öfter wiederkehrt, deutet darauf hin. Denn sein Ausdruck „τίς ἐστιν"[2]) oder „τί ἐστιν ἡ εὐδαιμονία" hat keinen anderen Sinn als das „quid sit beatitudo" beim Aquinaten. Ferner kennt auch er den Unterschied zwischen dem, was in erster Linie die Glückseligkeit begründet, und dem, was dazu in zweiter Linie[3]) hinzukommt und zur Glückseligkeit als letzte Vollendung wie die Lust[4]) oder als Werkzeuge wie die Güter des Leibes[5]) oder als Steigerung wie die aus der reinen Freundschaft erwachsenden Genüsse und Freuden[6]) sich verhält. Nicht minder wird das Gleiche offenbar aus dem Umstande, dafs Aristoteles als Ziel seiner Untersuchung so sehr das ἀνθρώπινον ἀγαθόν[7]) betont

---

[1]) S. th. 1, 2 q 3 a 3.
[2]) Eth. Nic. I. 1097 b 13.
[3]) l. c. X. 1178 a 5: τὸ γὰρ οἰκεῖον ἑκάστῳ τῇ φύσει κράτιστον καὶ ἥδιστόν ἐστιν ἑκάστῳ. καὶ τῷ ἀνθρώπῳ δὴ ὁ κατὰ τὸν νοῦν βίος. εἴπερ τοῦτο μάλιστα ἄνθρωπος. οὗτος ἄρα καὶ εὐδαιμονέστατος. δευτέρως δ' ὁ κατὰ τὴν ἄλλην ἀρετήν.
[4]) l. c. X. 1174 b 23: τελειοῖ τὴν ἐνέργειαν ἡ ἡδονή.
[5]) l. c. I. 1099 a 31: φαίνεται δ' ὅμως καὶ τῶν ἐκτὸς ἀγαθῶν προσδεομένη. καθάπερ εἴπομεν· ἀδύνατον γὰρ ἢ οὐ ῥᾴδιον τὰ καλὰ πράττειν ἀχορήγητον ὄντα. πολλὰ μὲν γὰρ πράττεται, καθάπερ δι' ὀργάνων
[6]) l. c. IX. 1169 b 30: εἰ τὸ εὐδαιμονεῖν ἐστιν ἐν τῷ ζῆν καὶ ἐνεργεῖν τοῦ δ' ἀγαθοῦ ἡ ἐνέργεια σπουδαία καὶ ἡδεῖα καθ' αὑτήν, καθάπερ ἐν ἀρχῇ εἴρηται. ἔστιν δὲ καὶ τὸ οἰκεῖον τῶν ἡδέων, θεωρεῖν δὲ μᾶλλον τοὺς πέλας δυνάμεθα ἢ ἑαυτοὺς καὶ τὰς ἐκείνων πράξεις ἢ τὰς οἰκείας, αἱ τῶν σπουδαίων δὲ πράξεις φίλων ὄντων ἡδεῖαι τοῖς ἀγαθοῖς (ἄμφω γὰρ ἔχουσιν τὰ τῇ φύσει ἡδέα)· ὁ μακάριος δὴ φίλων τοιούτων δεήσεται, εἴπερ θεωρεῖν προαιρεῖται πράξεις ἐπιεικεῖς καὶ οἰκείας, τοιαῦται δ' αἱ τοῦ ἀγαθοῦ φίλου ὄντος...
[7]) l. c. I. 1098 a 16: τὸ ἀνθρώπινον ἀγαθὸν ψυχῆς ἐνέργεια

und dieses nun in Parallele mit dem bestimmt, was im Menschen das Wesentliche, Unterscheidende, ihm als solchen allein Eigene ausmacht. Und nachdem er als das βέλτιστον die der besten Tugend entsprechende Thätigkeit erklärt hat, forscht er auf Grund psychologischer Voraussetzungen gerade nach dem ἔργον, durch welches der Mensch ganz vorzüglich Mensch, über allem Anderen erhaben und von Allem unterschieden ist.¹) Selbst der Gedanke ist ihm nicht fremd, dafs durch dieses wesentliche Moment des Menschen Glückseligkeit derart begründet wird, dafs es selbst nicht fehlen kann, während beim Mangel aller übrigen Güter und unter den bittersten Schicksalsschlägen ein durch das wesentliche Moment Beglückter, der wahrhaft tugendhafte Mann, bis zu einem gewissen Grade sich im Glück und in der Freude aufrecht erhalten kann²).

Noch eingehender übrigens wird von Aristoteles und Thomas das Verhältnis des „Wesens der Glückseligkeit" zum glückseligen Zustande erörtert. Das Wesensmoment wurde als Grund des Glückseligkeitszustandes bezeichnet.

γίνεται κατ' ἀρετήν. und 1102 a 14: τἀγαθὸν ἀνθρώπινον ἐζητοῦμεν καὶ τὴν εὐδαιμονίαν ἀνθρωπίνην.

¹) l. c. I. 1098 a 1f: ἑπομένη δὲ αἰσθητική τις ἂν εἴη. φαίνεται δὲ καὶ αὕτη κοινὴ καὶ ἵππῳ καὶ βοί καὶ παντὶ ζῴῳ. λείπεται δὴ πρακτική τις τοῦ λόγον ἔχοντος. | τούτου δὲ τὸ μὲν ὡς ἐπιπειθὲς λόγῳ, τὸ δ' ὡς ἔχον καὶ διανοούμενον. | διττῶς δὲ [καὶ] ταύτης λεγομένης τὴν κατ' ἐνέργειαν θετέον· κυριώτερον γὰρ αὕτη δοκεῖ λέγεσθαι. εἰ δή ἐστιν ἔργον ἀνθρώπου ψυχῆς ἐνέργεια κατὰ λόγον ἢ μὴ ἄνευ λόγου, τὸ δ' αὐτό φαμεν ἔργον εἶναι τῷ γένει τοῦδε καὶ τοῦδε σπουδαίου, ὥσπερ κιθαριστοῦ καὶ σπουδαίου κιθαριστοῦ καὶ ἁπλῶς δὴ τοῦτ' ἐπὶ πάντων, προστιθεμένης τῆς κατ' ἀρετὴν ὑπεροχῆς πρὸς τὸ ἔργον (κιθαριστοῦ μὲν γὰρ τὸ κιθαρίζειν, σπουδαίου δὲ τὸ εὖ)· εἰ δ' οὕτως, ἀνθρώπου δὲ τίθεμεν ἔργον ζωήν τινα, ταύτην δὲ ψυχῆς ἐνέργειαν καὶ πράξεις μετὰ λόγου, σπουδαίου δὲ ἀνδρὸς εὖ ταῦτα καὶ καλῶς, ἕκαστον δὲ εὖ κατὰ τὴν οἰκείαν ἀρετὴν ἀποτελεῖται.

²) l. c. I. 1097 b 14: τὸ αὔταρκες τίθεμεν ὃ μονούμενον αἱρετὸν ποιεῖ τὸν βίον καὶ μηδενὸς ἐνδεᾶ.

Das könnte zu dem Irrtum Anlafs geben, als ob es aufserhalb der Glückseligkeit liege[1]). Das wesentliche Moment der Glückseligkeit ist aber nicht in dem Sinne Grund derselben, wie das Arzneimittel Grund der Gesundheit ist; vielmehr **konstituiert und begründet es die Glückseligkeit innerlich**, wie die Gesundheit der innere Grund des gesunden Zustandes ist; was die Gesundheit dem Gesunden, das ist dem Glücklichen das, was als wesentliches Moment der Glückseligkeit Gegenstand der Untersuchung ist.

Diese Auffassung des eigentlichen Zieles der aristotelischen Untersuchung scheint auch noch eine weitere Bestätigung durch jene schwierige und vielfach ausgelegte (Arleth[2]) zitiert nicht weniger als 17 Erklärungen) Stelle: Eth. Nik. I. 1097 b 16 zu erhalten. Diese Stelle lautet: ... τὴν εὐδαιμονίαν οἰόμεθα εἶναι ἔτι δὲ πάντων αἱρετωτάτην μὴ συναριθμουμένην · συναριθμουμένην γὰρ δῆλον ὡς αἱρετωτέραν μετὰ τοῦ ἐλαχίστου τῶν ἀγαθῶν · ὑπεροχὴ γὰρ ἀγαθῶν γίνεται τὸ προστιθέμενον. ἀγαθῶν δὲ τὸ μεῖζον αἱρετώτερον ἀεί. Die Glückseligkeit, **nach ihrem wesentlichen Momente verstanden**, steht über allen anderen Gütern; um ihretwillen sind daher auch alle anderen Gegenstand des menschlichen Verlangens, während sie selbst in letzter Linie des Menschen Begehren erfüllt. Sie ist daher das von allen Gütern am meisten begehrte, auch wenn für sich allein genommen. **Sie schliefst aber nicht aus, dafs sie einer Vermehrung und Steigerung fähig wäre durch Zusatz irgend eines weiteren geringeren Gutes**; denn eines Zusatzes ist sie fähig, weil sie nicht verstanden wird im Sinne der gewöhnlichen Auffassungs-

---

[1]) l. c. VI. 1144 a 3: ποιοῦσι μέν, οὐχ ὡς ἰατρική, δὲ ὑγίειαν, ἀλλ' ὡς ἡ ὑγίεια, οὕτως ἡ σοφία εὐδαιμονίαν.

[2]) Zeitschrift für Philosophie und philos. Kritik Bd. 90, 1886 S. 88 f.

weise, insofern sie alle Güter einschliefst, sondern als das eine wesentliche Moment, an das sich alle übrigen Güter als untergeordnete anlegen.[1]

Diese Auffassung der Frage nach dem Wesen der Glückseligkeit erklärt es, warum, wie später zu sehen ist, die Glückseligkeit in der intellektuellen Thätigkeit gefunden wird, nicht in der Thätigkeit des Willens oder in irgend einer anderen; denn nicht das Begehren ist es nach Aristoteles[2]) und Thomas[3]), was als das Vorzüglichste im Menschen in erster Linie den Unterschied des Menschen von anderen Dingen bewirkt, sondern der Intellekt. Je nach dem Verhältnis, in welchem die übrigen Güter zum wesentlichen Momente der Glückseligkeit stehen, gehören auch sie zur Glückseligkeit, die einen mehr, die anderen minder notwendig, die einen als vorausgehende Bedingung, die anderen als aus dem Wesen resultierende Eigenschaft, wie im 4. Abschnitt des näheren gezeigt werden soll.

Für die Lehre des hl. Thomas von der Glückseligkeit, wie sich dieselbe in der theologischen und philosophischen Summe findet, hat diese Betonung des wesentlichen Momentes der menschlichen Glückseligkeit eine besondere Be-

---

[1]) Zeller, die Philosophie der Griechen II, 2 S. 610 Anm.
[2]) Eth. Nic. I. 1102 b 1 f.
[3]) S. c. g. III. cp. 26: Appetitus non est proprium intellectualis naturae, sed omnibus rebus inest, licet sit diversimode in diversis; quae tamen diversitas procedit ex hoc quod res diversimode se habent ad cognitionem: quae enim omnino cognitione carent, habent appetitum naturalem tantum; quae vero habent cognitionem sensitivam, et appetitum sensibilem habent, sub quo irascibilis et concupiscibilis continentur; quae vero habent cognitionem intellectivam, et appetitum cognitioni proportionatum habent, scilicet voluntatem. Voluntas igitur, secundum quod est appetitus, non est proprium intellectualis naturae, sed solum secundum quod ab intellectu dependet; intellectus autem secundum se proprius est intellectuali naturae. Beatitudo igitur vel felicitas in actu intellectus consistit substantialiter et principialiter magis quam in actu voluntatis.

deutung. Der Engel der Schule unterscheidet sich von Aristoteles in unserer Frage hauptsächlich dadurch, dafs er lehrt, die Glückseligkeit sei nicht in diesem Leben erreichbar,[1]) während der Stagirite gerade darauf das Hauptgewicht legt, jenes höchste Gut zu bestimmen, welches der Mensch in diesem Leben erreichen könne, meinend, dafs damit des Menschen Lebensaufgabe abgeschlossen sei.[2]) Allerdings erinnert Aristoteles auch einmal an den etwaigen Zustand nach dem Tode, ohne aber diesen nur angedeuteten Gedanken weiter zu verfolgen.[3]) Der hl. Thomas läfst nun zwar auch die irdische Glückseligkeit nicht unbeachtet, verteidigt aber die unleugbare Wahrheit, dafs die Glückseligkeit in diesem Leben nie vollkommen werden und des Menschen Verlangen nie befriedigen könne. Indem er nun von der Offenbarung geleitet, die vollkommene Glückseligkeit erst im Leben nach dem Tode sucht, mufs er umsomehr die Glückseligkeit in jener Kraft der Seele sich verwirklichen lassen, welche unvergänglich ist, und welche in erster Linie des Menschen Wesenheit begründet. Wäre noch irgend ein anderes Moment zur Glückseligkeit wesentlich notwendig, so wäre nach dem Tode von einem glückseligen Zustande keine Rede mehr.

In etwas scheint dieser Gedanke auch bei Aristoteles durchzuleuchten. Zwar denkt er, wie schon gesagt, nur daran, die Glückseligkeit insoweit zu bestimmen, als sich dieselbe in diesem Leben unter Erfüllung aller günstigen Bedingungen verwirklichen läfst. Gleichwohl weist er, nachdem er

[1]) S. c. g. III. cp. 48.
[2]) Eth. Nic. I. 1100 a 14: εἰ δὲ μὴ λέγομεν τὸν τεθνεῶτα εὐδαίμονα .. 1101 a 16: ἢ προσθετέον καὶ βιώσομεν οὕτως καὶ τελευτήσοντα κατὰ λόγον, ἐπειδὴ τὸ μέλλον ἀφανὲς ἡμῖν, τὴν εὐδαιμονίαν δὲ τέλος καὶ τέλειον τίθεμεν πάντῃ πάντως; εἰ δ' οὕτως, μακαρίους ἐροῦμεν τῶν ζώντων οἷς ὑπάρχει καὶ ὑπάρξει τὰ λεχθέντα, μακαρίους δ' ἀνθρώπους.
[3]) l. c. I. 1101 a 35... τὸ διαπορεῖσθαι περὶ τοὺς κεκμηκότας εἴ τινος ἀγαθοῦ κοινωνοῦσιν ἢ τῶν ἀντικειμένων.

als das wesentliche Moment der Glückseligkeit die Weisheit erklärt, wie zum Beweise seiner Ansicht darauf hin, dafs damit dem Menschen der Besitz eines geradezu göttlichen, unvergänglichen Gutes vindiziert werde. Wie sich die reine Vernunft (ὁ νοῦς) zum Menschen als einem zusammengesetzten Wesen (σύνθετον) wie etwas Übermenschliches verhalte, so scheine auch das aus ihr resultierende Leben wie ein göttliches zum menschlichen sich zu verhalten.[1]) Gleichwohl sei ein solches Begehren für den Menschen kein frevelhaftes Beginnen; vielmehr nach Unsterblichkeit zu trachten und das Leben nach seiner vortrefflichsten Seite auszubilden, sei des Menschen erste und höchste Aufgabe[2]).

Allerdings zeigt sich andererseits deutlich, dafs in diesem Punkte zwischen der Auffassung des Griechen und des christlichen Philosophen eine wesentliche Verschiedenheit herrscht. Aristoteles sucht auch hier noch die Glückseligkeit des Menschen auf der Stufe des natürlichen Lebens; im Geiste findet der Mensch sein eigenstes Sein, sein Vornehmstes und sein Bestes. Für den Menschen ist es das Leben des Geistes, denn durch dieses wird er in erster Linie Mensch. Hierin liegt daher auch seine höchste Glückseligkeit. Thomas dagegen zieht das Moment der Gnade herein und läfst durch dieses den Menschen auf die Stufe der vollendeten Glückseligkeit erhoben werden, ohne damit sagen zu wollen, dafs durch die Gnade das natürliche wesentliche Moment der Glückseligkeit beseitigt oder ersetzt werde; vielmehr wird eben dieses durch die Gnade übernatürlich vollendet.

---

[1]) l. c. X. 1177 b 26: ὁ δὲ τοιοῦτος ἂν εἴη βίος κρείττων ἢ κατ' ἄνθρωπον.

[2]) l. c. X. 1177 b 31: οὐ χρὴ δὲ κατὰ τοὺς παραινοῦντας ἀνθρώπινα φρονεῖν ἄνθρωπον ὄντα οὐδὲ θνητὰ τὸν θνητόν, ἀλλ' ἐφ' ὅσον ἐνδέχεται ἀθανατίζειν καὶ πάντα ποιεῖν πρὸς τὸ ζῆν κατὰ τὸ κράτιστον τῶν ἐν αὐτῷ.

II.

Nachdem nun erklärt ist, was Aristoteles und Thomas unter dem „Wesen der Glückseligkeit" verstehen wollen, gehen wir auf die Betrachtung und Vergleichung ihrer Lehre selbst ein.

Die Wesenheit wird durch Angabe des genus proximum und der differentia specifica umschrieben; so ist der von Thomas und Aristoteles eingeschlagene Weg vorgezeichnet: die Untersuchung schreitet vom Allgemeinen zum Besonderen vor.

Die erste Frage, mit deren Beantwortung der Aquinate die Lösung der vorwürfigen Aufgabe in Angriff nimmt, ist ganz allgemein gehalten: liegt der wesentliche Grund der menschlichen Glückseligkeit in etwas Geschaffenem oder Ungeschaffenem? Da es sich um die subjektive Bestimmung des Wesensgrundes handelt, nämlich um die Erlangung des höchsten Gutes, so kann derselbe nur etwas Geschaffenes, in der Natur des Menschen Liegendes sein — aliquid in ipso existens.[1]) Darin liegt nun die nächste Aufgabe, dieses Moment zu bestimmen. Thomas kommt ihr nach, indem er sich unmittelbar an Aristoteles anschliefst.

Letzterer bezeichnet allgemein als das wesentliche Moment der Glückseligkeit eine Thätigkeit;[2]) so auch der Aquinate. Er begründet diese Annahme folgendermafsen: Die Glückseligkeit besteht in der Vollkommenheit des Menschen; vollkommen ist aber etwas insofern als es wirklich ist; soweit es blofs die Möglichkeit besitzt, wirklich zu werden, ist es unvollkommen. Es mufs also des Menschen Glückseligkeit als dessen Vollkommenheit und letztes Ziel in der Verwirklichung der Vermögen, in der Thätigkeit bestehen. Die Thätigkeit ist das Ziel des Daseins der Dinge;

---

[1]) S. th. 1, 2 q 3 a 1.
[2]) Eth. Nic. I 1098 a 16: τὸ ἀνθρώπινον ἀγαθὸν ψυχῆς ἐνέργεια γίνεται κατ' ἀρετήν. und X. 1176 a 33.

denn durch die Form werden die Dinge zum Sein bestimmt und mit den Vermögen zur Thätigkeit ausgestattet.[1]) Dafs die Thätigkeit ein Gut und eine erstrebenswerte Vollkommenheit ist, das ist eine Wahrheit, welche sowohl bei Thomas, als beim Stagiriten oft wiederkehrt. Die Thätigkeit ist das Vorzüglichere — τὸ κύριον γὰρ ἐν τῇ ἐνεργείᾳ;[2]) die Thätigkeit ist das Ziel des Vermögens, demgemäfs, da das Ziel und das Gute nach aristotelisch-scholastischer Anschauung dasselbe sind, ein Gut und eine Vollkommenheit; um der Thätigkeit willen ist das Vermögen den Wesen verliehen — τέλος ἡ ἐνέργεια · τούτου χάριν ἡ δύναμις λαμβάνεται.[3]) Die Thätigkeit ferner ist es, worauf jedes Vermögen hintreibt; jedes Vermögen hat in sich den Trieb, sich zu bethätigen — ἡ δύναμις εἰς τὴν ἐνέργειαν ἀνάγεται.[4]) Endlich verbindet Aristoteles mit der Thätigkeit noch ein Prädikat, welches bei den Griechen immer das Vollkommenere und Bessere bezeichnet, nämlich er bezeichnet sie als etwas Begrenztes. Die Lebensthätigkeit ist an sich gut, und angenehm — ὡρισμένον γάρ . τὸ δὲ ὡρισμένον τῆς ἀγαθοῦ φύσεως.[5]) So finden wir in dieser allgemeinen Bestimmung des wesentlichen Momentes der Glückseligkeit den englischen Lehrer mit Aristoteles im vollsten Einklang.

[1]) S. th. 1, 2 q 3 a 2: Est enim beatitudo ultima hominis perfectio. Unumquodque autem intantum perfectum est, inquantum est actu; nam potentia sine actu imperfecta est. Oportet ergo beatitudinem in ultimo actu hominis consistere. Manifestum est autem quod operatio est ultimus actus operantis; unde et actus secundus a Philosopho nominatur: nam habens formam potest esse in potentia operans, sicut sciens est in potentia considerans. Et inde est quod in aliis rebus res unaquaeque dicitur esse propter suam operationem, ut dicitur. Necesse est ergo beatitudinem hominis operationem esse.
[2]) Eth. Nic. IX. 1170 a 17. — Metaph. VIII, cp. 9.
[3]) Metaph. VIII cp. 8.
[4]) Eth. Nic. IX. 1170 a 17.
[5]) l. c. IX. 1170 a 20.

Ein Einwand jedoch, den sich der hl. Thomas in diesem Artikel macht, gibt ihm Gelegenheit, zum ersten Male in unserer Frage seine von Aristoteles wesentlich abweichende Anschauung zu bekunden. In einer Thätigkeit, läfst Thomas einwerfen, könne wohl die Glückseligkeit nicht bestehen, da doch die Glückseligkeit gewifs als ein bleibender und ununterbrochener Zustand des Menschen anzusehen sei, jede Thätigkeit aber offenbar an Unterbrechungen leide.[1]) Gerade deshalb verlegt er mit Aristoteles in die σοφία vor allem das wesentliche Moment, weil sie am ehesten des Vorzugs ununterbrochener Dauer sich erfreue.[2]) Aber in der Lösung der Schwierigkeit weicht Thomas von Aristoteles

---

[1]) S. th. 1, 2 q 3 a 2 ad 4: In hominibus secundum statum praesentis vitae est ultima perfectio secundum operationem qua homo coniungitur Deo. Sed hac operatio nec sempiterna, nec continua potest esse, et per consequens nec unica est, quia operatio interscissione multiplicatur; et propter hoc in statu praesentis vitae perfecta beatitudo ab homine haberi non potest. Unde Philosophus, ponens beatitudinem hominis in hac vita, dicit eam imperfectam, post multa concludens: „Beatos autem dicimus, ut homines". — In praesenti vita quantum deficimus ab unitate et continuitate talis operationis, tantum deficimus a beatitudinis perfectione: est tamen aliqua participatio beatitudinis; et quanto operatio potest esse magis continua et una, tanto plus habet rationem beatitudinis. Et ideo in activa vita, quae circa multa occupatur, est minus de ratione beatitudinis quam in vita contemplativa, quae versatur circa unum, id est, circa veritatis contemplationem. Et si aliquando homo actu non operetur huiusmodi operationem; tamen, quia in promptu habet eam, semper potest operari: et quia etiam ipsam cessationem (puta somni, vel occupationis alicuius naturalis) ad operationem praedictam ordinat, quasi videtur operatio continua esse.

[1]) Eth. Nic. I. 1100 b 12: περὶ οὐδὲν γὰρ οὕτως ὑπάρχει τῶν ἀνθρωπίνων ἔργων βεβαιότης ὡς περὶ τὰς ἐνεργείας τὰς κατ' ἀρετήν· μονιμώτεραι γὰρ καὶ τῶν ἐπιστημῶν αὐταὶ δοκοῦσιν εἶναι. τούτων δ' αὐτῶν αἱ τιμιώταται μονιμώταται διὰ τὸ μάλιστα καὶ συνεχέστατα καταζῆν ἐν αὐταῖς τοὺς μακαρίους. und X. 1177 a 21: ἔτι δὲ συνεχεστάτη· θεωρεῖν τε γὰρ δυνάμεθα συνεχῶς μᾶλλον ἢ πράττειν ὁτιοῦν.

ab. Letzterer bleibt bei der Verwirklichung der Glückseligkeit in diesem Leben stehen, obwohl eine Beständigkeit in diesem Leben nicht zu erwarten ist. Thomas aber findet hierin einen Grund, die Möglichkeit eines vollkommenen glückseligen Zustandes in diesem Leben in Abrede zu stellen: in hominibus secundum statum praesentis vitae est ultima perfectio secundum operationem qua homo conjungitur Deo. Sed haec operatio nec sempiterna nec continua esse potest et per consequens nec unica est, quia operatio interscissione multiplicatur. Et propter hoc in statu praesentis vitae perfecta beatitudo ab homine haberi non potest.¹) Wenn aber auch einerseits gerade die Unmöglichkeit einer ununterbrochenen Thätigkeit in diesem Leben den Aquinaten bewegt, des Menschen vollendete Glückseligkeit nicht in diesem Leben zu suchen, so ist andererseits gerade die Notwendigkeit dieser Eigenschaften für ihn einer der bestimmenden Gründe, mit dem Stagiriten als wesentliches Moment der natürlichen, wenn auch unvollkommenen Glückseligkeit das kontemplative Leben zu bezeichnen. Je mehr eine Thätigkeit an Unterbrechung leidet und der Einheit entbehrt, desto weiter steht sie von der vollkommenen Glückseligkeit ab; je zusammenhängender dagegen sie ist und innerlich einheitlich, desto vollkommener ist sie. Das aktive Leben entbehrt schon nach seiner objektiven Seite der Einheit; sind ja doch die Objekte, auf die es sich bezieht, viele und verschiedene. Dagegen ist das Objekt des kontemplativen Lebens nur eines, die Betrachtung der Wahrheit. So ist diese objektiv genommen eine, wenn sie auch vom subjektiven Gesichtspunkte aus betrachtet, vielfach an Unterbrechung leidet.

III.

Es ist nun genauer zu bestimmen, in welcher Thätigkeit des Menschen Glückseligkeit wesentlich begründet ist.

---
¹) S. th. 1. c.

da des Menschen Thätigkeiten viele und verschiedene sind. Gehört diese Thätigkeit dem **sinnlichen Teile** der Seele an?

Aristoteles verneint diese Frage mit Hinweis auf die vorliegende Aufgabe, die Glückseligkeit des Menschen zu bestimmen: die Thätigkeit der Sinne ist auch den Tieren eigen, kann demnach unmöglich das Wesen der Glückseligkeit des Menschen als solchen begründen.[1]

Der Engel der Schule verneint die Frage ebenfalls, begründet aber die Verneinung anders. Seine Begründung ergibt sich aus der früheren Bestimmung des objektiven Grundes der Glückseligkeit, mufs demnach dem Stagiriten fremd sein, wie ihm letztere fremd ist. Das letzte Ziel des Menschen, seine Glückseligkeit besteht wesentlich in der Verbindung mit dem ungeschaffenen, unendlichen Gute; dieses aber kann durch die Sinnesthätigkeit nicht erreicht werden; erfafst diese ja nur körperliche Güter, in denen die Glückseligkeit des Menschen nicht begründet sein kann. Gleichwohl ist die Thätigkeit der Sinne für die Glückseligkeit des Menschen, vor Allem für die unvollkommene, auf Erden erreichbare, von grofser Bedeutung. Da diese, wie sich später zeigen wird, in der Thätigkeit des Verstandes besteht, so setzt sie notwendig die Thätigkeit der Sinne voraus, weil nach aristotelisch-scholastischer Erkenntnislehre die Thätigkeit des Intellektes von der Sinneswahrnehmung abhängt.[2]

[1] Eth. Nic. I. 1098 a 1 f.
[2] S. th. 1, 2 q 3 a 3: Respondeo dicendum quod ad beatitudinem potest aliquid pertinere tripliciter: uno modo essentialiter, alio modo antecedenter, tertio modo consequenter. Essentialiter quidem non potest pertinere operatio sensus ad beatitudinem. Nam beatitudo hominis consistit essentialiter in coniunctione ipsius ad bonum increatum, quod est ultimus finis, ut supra ostensum est (art. 1 huius quaest.), cui homo coniungi non potest per sensus operationem; similiter etiam quia, sicut ostensum est (quaest. II, art. 5), in corporalibus bonis

IV.

Die Thätigkeit, welche das Wesen der menschlichen Glückseligkeit ausmacht, gehört also nach Aristoteles und Thomas dem vernünftigen Teile der Seele an. Es steht nun die Frage offen: dem **Verstande oder dem der Vernunft folgenden Willen**? Auch in Beantwortung dieser Frage finden wir den Aquinaten in Harmonie mit dem Fürsten der peripatetischen Schule.[1]) Und gerade deshalb wird ihm der Vorwurf gemacht,[2]) er habe das spezifisch Christliche dem Heidentum geopfert. Doch sehen wir zunächst zu, wie der hl. Thomas seine Anschauung und seinen Anschluſs an Aristoteles begründet.

Die zahlreichen Gründe, welche er für seine Ansicht vorbringt, zeigen, daſs Thomas von der Wichtigkeit seiner Behauptung wohl überzeugt war; er wuſste sich mit seiner Lehre im Gegensatz zu manchen anderen hervorragenden Lehrern seiner Zeit. Zugleich beweist seine eingehende Behandlung der Frage, daſs für ihn **nicht die Autorität des Stagiriten**, welcher die Ausschlieſsung des vernünftigen Begehrens von der wesentlichen Bestimmung der Glückseligkeit wenig begründet, in erster Linie maſsgebend war. Den

---

beatitudo hominis non consistit, quae tamen sola per sensus operationem attingimus. Possunt autem operationes sensus pertinere ad beatitudinem antecedenter et consequenter. Antecedenter quidem secundum beatitudinem imperfectam, qualis in praesenti vita haberi potest; nam operatio intellectus praeexigit operationem sensus. Consequenter autem in illa perfecta beatitudine, quae expectatur in caelo; quia post resurrectionem „ex ipsa beatitudine animae, ut Augustinus dicit, fiet quaedam refluentia in corpus, et in sensus corporeos, ut in suis operationibus perficiantur", (ut infra magis patebit, cum de corporum resurrectione agetur). Non autem tunc operatio qua mens humana Deo coniungitur, a sensu dependebit.

[1]) S. th. 1. c. a 4.
[2]) Redepenning, das zitierte Werk.

Anstofs dazu scheint dem hl. Thomas die im „Contra" zitierte Schriftstelle[1]) gegeben zu haben, mit welcher sich dann die tiefen aus dem Wesen der Glückseligkeit und aus der Natur des Begehrens geschöpften Erwägungen als triftige und überzeugende Argumente verbanden. Auch hier macht sich die im zweiten Abschnitte dargelegte Unterscheidung zwischen dem objektiven und subjektiven Momente der Glückseligkeit geltend; sie eröffnet neue Gesichtspunkte für die Betrachtung und Begründung. Auch mufs zur Ermöglichung des Verständnisses nicht minder festgehalten werden, was oben über den Ausdruck „Wesen" der Glückseligkeit gesagt worden. Es sei hier nochmal darauf hingewiesen, dafs unter „Wesen der Glückseligkeit" die letzte innere Voraussetzung derselben und ihr innerer Grund verstanden ist.

Dieser aber ist — so beginnt Thomas seinen Beweis — allgemein gesagt, die Verbindung mit dem objektiven Grund der Glückseligkeit, die Erlangung des letzten Zieles. **Die Verbindung mit dem letzten Ziele besteht aber nicht in einem Willensakt:** des Willens Thätigkeit verhält sich entweder vorbereitend oder nachfolgend. Ist das Ziel noch nicht erreicht, so verlangt der Wille nach dessen Besitz, sein Akt ist also das Verlangen nach dem Guten; ist dieses aber gegenwärtig und im Besitz des Menschen, so ruht der Wille im Besitze und freut sich des Genusses desselben. Es mufs demnach das Endziel und höchste Gut dem Willen durch eine vom Willen verschiedene Thätigkeit gegenwärtig werden.

Zum leichteren Verständnis dieses Beweises zieht der hl. Thomas einen analogen Fall an, welcher dem sinnlichen Leben des Menschen angehört: nicht durch das Begehren

---

[1]) S. th. 1, 2 q 3 a 4: Contra est quod Dominus dicit: Haec est vita aeterna ut cognoscant te, Deum verum unum. Vita autem aeterna est ultimus finis, ut dictum est. (quaest. III, art. 2 ad 1). Ergo beatitudo hominis in cognitione Dei consistit, quae est actus intellectus.

nach dem Gelde wird der Mensch reich, sondern dadurch, dafs er sich mit der Hand das Geld aneignet. So wollen wir zwar auch das geistige Endziel erreichen, aber wir erreichen es nur dadurch, dafs es uns durch einen Erkenntnisakt gegenwärtig wird. Ist dieses eingetreten, so ruht das Begehren des Willens im erreichten Ziele und freut sich des Genusses desselben. So liegt wesentlich des Menschen Glückseligkeit in einem Akte des Intellektes; denn durch ihn allein erreichen wir das Endziel und darin besteht die Glückseligkeit. Der Akt des Willens folgt notwendig als Akt der Freude über das erlangte höchste Gut, weshalb mit Recht der hl. Augustin die Glückseligkeit bestimmt als gaudium de veritate (Conf. X. cp. 23).

Gegen diese Bevorzugung des Intellektes vor der Willensthätigkeit wird nun geltend gemacht, dafs die Liebe nach christlicher Lehre das Vorzüglichste sei und dafs deshalb, wer die Thätigkeit des Verstandes über den Willen, das Prinzip der Liebe, erhebe, etwas spezifisch Christliches preisgebe; hiezu habe sich Thomas durch den Einfluss des Aristoteles verleiten lassen. Aber schon aus dem oben Gesagten geht hervor, dafs nicht in erster Linie der Einflufs des Aristoteles für Thomas mafsgebend war. Ferner darf nicht übersehen werden, dafs der Aquinate bereits selbst diesen Einwand macht,[1]) und ihn zu lösen versucht. Auch er kennt die Bedeutung, welche das Christentum der Liebe beimifst. Und deshalb gesteht auch er der Liebe gegenüber zu: dilectio praeeminet[2]) cognitioni in movendo. Aber es ist dennoch nicht aufser Acht zu lassen, dafs auch die Erkenntnis der Liebe vorgeht: cognitio praevia est dilectioni in attingendo. Denn wo keine Erkenntnis, dort keine Liebe.

---

[1]) l. c. ad 4.

[2]) Ob dieser Gedanke nicht in etwas an die Äufserung des Aristoteles anklingt, in welcher er der $\dot{\eta}\delta o\nu\dot{\eta}$ eine gewisse treibende Kraft beimifst, welche den Menschen zur forschenden Thätigkeit anspornt?

Noch ausführlicher begründet Thomas seine Anschauung in der philosophischen Summe, wo er nicht weniger als neun Gründe vorführt und die vorgebrachten Einwendungen einer eingehenden Kritik unterzieht.¹) Heben wir zwei davon heraus! Der eine fufst offenbar auf Aristoteles. Es handelt sich um die Bestimmung der menschlichen Glückseligkeit; diese mufs vorzüglich in dem Vermögen des Menschen liegen, welches dem Menschen als einem vernünftigen Wesen ausschliefslich eigen ist. Mehr ist ihm aber ausschliefslich eigen das geistige Erkennen als das Begehren. Ein Begehren findet sich überall, wenn auch in den verschiedenen Dingen in verschiedener Weise. Soweit also der Wille Begehren ist, ist er kein den Menschen unterscheidendes und auszeichnendes Moment; er wird dies erst durch seine Abhängigkeit von der Vernunft. Der Verstand, die Erkenntniskraft ist demnach das Frühere und Vorzüglichere im Menschen und jenes Moment, das die Unterscheidung desselben von anderen sichtbaren Wesen in erster Linie bewirkt. Daraus ergibt sich als Schlufs: beatitudo vel felicitas in actu intellectus consistit substantialiter et principaliter magis quam in actu voluntatis. Ein anderer Grund zeigt, es sei ein innerer Widerspruch, zu behaupten, die Glückseligkeit werde in letzter Instanz durch einen Willensakt begründet. Würde ein Willensakt das Wesen der Glückseligkeit ausmachen, dann müfste dieser nach dem Begriffe der Glückseligkeit das letzte Ziel alles

---

¹) S. c. g. III, cp. 26..... In omnibus potentiis quae moventur a suis obiectis, obiecta sunt naturaliter priora actibus illarum potentiarum, sicut motor naturaliter prior est quam moveri ipsius mobilis. Talis autem potentia est voluntas; appetibile enim movet appetitum. Obiectum igitur voluntatis est prius naturaliter quam actus eius Primum igitur eius obiectum praecedit omnem actum ipsius. Non potest ergo actus voluntatis primum volitum esse. Hoc autem est ultimus finis, quae est beatitudo. Impossibile est igitur quod beatitudo sive felicitas sit ipse actus voluntatis.

menschlichen Verlangens sein. Nun aber kann ein Willensakt nicht letztes Ziel sein. Der Wille des Menchen ist eine Potenz, eine Potenz wird aber durch ihr Objekt zur Thätigkeit veranlafst, was hinwiederum eine Priorität des Objektes erfordert: motor enim naturaliter prior est quam moveri ipsius mobilis. So mufs denn Alles, was den Willen bewegt, früher als jeder Willensakt oder jede Willensbewegung sein. Es kann demnach die Glückseligkeit unmöglich ihren wesentlichen Grund in einem Willensakte haben.

V.

Die Glückseligkeit ist in einer Thätigkeit des Intellektes begründet. Doch ist mit diesem Ergebnis der Untersuchung die Frage noch nicht vollständig gelöst. Der hl. Thomas wirft noch weiter die Frage auf, ob die des Menschen Glückseligkeit begründende Thätigkeit dem spekulativen oder praktischen Intellekte angehöre.[1]) Er weist sie in erster Linie der theoretischen Vernunft zu, erklärt aber mit besonderer Berufung auf den Stagiriten, dafs in zweiter Linie auch die Thätigkeit des praktischen Intellektes, welcher die Handlungen und Leidenschaften des Menschen ordnet, als ein notwendiges Moment betrachtet werden müsse.

Ehe wir auf die in der besonderen Berufung auf Aristoteles liegende Schwierigkeit eingehen, wollen wir zunächst die Gründe hören, welche Thomas für seine offenbar mit Aristoteles übereinstimmende Entscheidung vorbringt. Er führt in der theologischen Summe drei Gründe an, welche zum Teil Modifikationen aristotelischer Gründe sind. Mehrere Male spricht Aristoteles den Satz aus: In dem liegt das Wesen eines jedweden Dinges am meisten begründet, was in demselben das Beste ist.[2]) Diesen Satz verwendet hier

---

[1]) S. th. 1, 2 q 3 a 5.
[2]) Eth. Nic. X. 1178 a 1: δόξειε δ'ἄν καὶ εἶναι ἕκαστος τοῦτο, εἴπερ

Thomas ähnlich wie zu wiederholten Malen der Stagirite:
der Intellekt ist das Beste im Menschen, und dessen vorzüglichstes Objekt ist Gott. In der Thätigkeit, durch welche
der Intellekt Gott erkennt, mufs demnach die Glückseligkeit
wesentlich begründet sein. Weil aber Gott nicht Objekt
des Verstandes ist, insofern dieser praktisch, sondern theoretisch ist, so liegt das wesentliche Moment der Glückseligkeit im theoretischen Verstande. Das im zweiten Beweise
verwertete aristotelische Moment ist der von Aristoteles
oft wiederholte Gedanke,[1]) dafs die Glückseligkeit um ihrer
selbst willen angestrebt werde; diese Eigenschaft ist wohl
dem theoretischen, nicht aber dem praktischen Intellekte
eigen. Endlich verwertet der hl. Thomas auch den aristotelischen Gedanken, dafs der Mensch durch die theoretische
Vernunft den Göttern näher stehe als durch das thätige
Leben; denn die Götter besitzen wohl als höchste Glückseligkeit die erhabenste Betrachtung der Wahrheit, während
sie an den ethischen Tugenden der Menschen und ihrem
praktischen Leben als einer ihrer unwürdigen Sache keinen
Anteil nehmen.[2]) Was uns Gott am nächsten bringt, fährt
Thomas fort, das ist das Vollkommene und mufs der eigentliche und erste Grund der Glückseligkeit sein; daher ist die
Betrachtung der Wahrheit ohne Rücksicht auf das Handeln,

τὸ κύριον καὶ ἄμεινον· ἄτοπον οὖν γένοιτ᾿ ἄν, εἰ μὴ τὸν αὐτοῦ βίον
αἱροῖτο ἀλλά τινος ἄλλου.

[1]) l. c. I. 1097 b 5: τὴν εὐδαιμονίαν οὐδεὶς αἱρεῖται τούτων χάριν,
οὐδ᾿ ὅλως δι᾿ ἄλλο.

[2]) l. c. X. 1178 b 8: τοὺς θεοὺς γὰρ μάλιστα ὑπειλήφαμεν μακαρίους
καὶ εὐδαίμονας εἶναι· πράξεις δὲ ποίας ἀπονεῖμαι χρεὼν αὐτοῖς; πότερα
τὰς δικαίας; ἢ γελοῖοι φανοῦνται συναλλάττοντες καὶ παρακαταθήκας
ἀποδιδόντες καὶ ὅσα τοιαῦτα; ἀλλὰ τὰς ἀνδρείους, ὑπομένοντας τὰ φοβερὰ καὶ κινδυνεύοντας ὅτι καλόν; ἢ τὰς ἐλευθερίους; τίνι δὲ δώσουσιν;
ἄτοπον δ᾿ εἰ καὶ ἔσται αὐτοῖς νόμισμα ἢ τι τοιοῦτον. οἱ δὲ σώφρονες τί
ἂν εἶεν; ἢ φορτικὸς ὁ ἔπαινος, ὅτι οὐκ ἔχουσι φαύλας ἐπιθυμίας;
διεξιοῦσι δὲ πάντα φαίνοιτ᾿ ἂν τὰ περὶ τὰς πράξεις μικρὰ καὶ ἀνάξια θεῶν.

die Bethätigung des theoretischen Intellektes, auch im Leben nach dem Tode allein Grund unserer Glückseligkeit, in diesem Leben jedoch in erster Linie, wozu in zweiter Linie die Thätigkeit des praktischen auf das Handeln gerichteten Intellektes kommt.

Die in der Begründung verwerteten aristotelischen Gedanken sind vom hl. Thomas richtig aufgefafst; auch das Ergebnis seiner Beweisführung stimmt mit Aristoteles insofern überein, als sowohl Thomas als Aristoteles in der Thätigkeit des theoretischen Verstandes den wesentlichen Grund der Glückseligkeit erblicken. Eine schwierige Frage scheint nun aber darin zu liegen, ob Thomas mit Recht in der Gegenüberstellung des praktischen und theoretischen Verstandes sich auf Aristoteles beruft. Dieser stellt an angezogener Stelle der ἐνέργεια θεωρητική in unbestimmter Weise gegenüber die ἐνέργεια κατ' ἄλλην ἀρετήν[1]) und erklärt im folgenden, dafs er unter der ἄλλη ἀρετή die verschiedenen ethischen Tugenden und besonders auch die φρόνησις verstanden haben wolle. Es frägt sich nun, ob Thomas mit Recht all' dieses unter den Begriff des intellectus practicus subsummieren durfte, insbesondere, ob er die φρόνησις im richtigen Verhältnisse zum νοῦς πρακτικός erfafst habe.

Die Lehre vom νοῦς πρακτικός als einem neben der φρόνησις bestehenden Vermögen ist Gegenstand vieler Untersuchungen in neuerer Zeit gewesen; durch das bekannte

---

[1]) 1 c. X. 1178 a 9: δευτέρως ὁ κατὰ τὴν ἄλλην ἀρετήν· αἱ γὰρ κατὰ ταύτην ἐνέργειαι ἀνθρωπικαί· δίκαια γὰρ καὶ ἀνδρεῖα καὶ τὰ ἄλλα τὰ κατὰ τὰς ἀρετὰς πρὸς ἀλλήλους πράττομεν ἐν συναλλάγμασιν καὶ χρείαις καὶ πράξεσι παντοίαις ἔν τε τοῖς πάθεσι διατηροῦντες τὸ πρέπον ἑκάστῳ ταῦτα δ' εἶναι φαίνεται πάντα ἀνθρωπικά. ἔνια δὲ καὶ συμβαίνειν ἀπὸ τοῦ σώματος δοκεῖ, καὶ πολλὰ συνῳκειῶσθαι τοῖς πάθεσιν ἡ τοῦ ἤθους ἀρετή. συνέζευκται δὲ καὶ ἡ φρόνησις τῇ τοῦ ἤθους ἀρετῇ, καὶ αὕτη τῇ φρονήσει, εἴπερ αἱ μὲν τῆς φρονήσεως ἀρχαὶ κατὰ τὰς ἠθικάς εἰσιν ἀρεταί, τὸ δ' ὀρθὸν τῶν ἠθικῶν κατὰ τὴν φρόνησιν.

Werk **Walters** (cf. Einleitung) soll der Nachweis geliefert worden sein, dafs die vielfach vertretene Anschauung von einer Verschiedenheit der praktischen Vernunft von der φρόνησις falsch. Aristoteles gänzlich unbekannt, und von den Scholastikern, besonders Albertus Magnus, dem sich Thomas anschlofs, in die Ethik desselben hineingetragen worden sei. Es ist nicht unsere Aufgabe, den Ausführungen Walters zu folgen, in welchen er die Ansichten und Aufstellungen Ritters, Trendelenburgs, Brandis' und Zellers einer gründlichen Kritik unterzieht. Es handelt sich darum, festzustellen, ob die Scholastiker, besonders Thomas, den Stagiriten falsch interpretierten und ihm dadurch eine Anschauung beilegten, welche ihm nicht eigen ist. Hiezu erscheint es zunächst als notwendig, die Lehre des hl. Thomas vom intellectus practicus, seinem Verhältnis zum intellectus speculativus und zur prudentia darzulegen.

Zur Annahme eines intellectus practicus gegenüber dem theoretischen Verstande wurde Thomas durch die in der Schrift des Aristoteles über die Seele gemachte Unterscheidung veranlafst. Er beruft sich ausdrücklich auf dieselbe gerade dort, wo er ex professo vom Intellekte handelt.[1]) Durch dieselbe Stelle wird er aber auch veranlafst, den

[1]) S. th. 1 q 79 a 11: Respondeo dicendum quod intellectus practicus et speculativus non sunt diversae potentiae. Cuius ratio est, quia, ut supra dictum et (quaest LXXVII, art. 3), id quod accidentaliter se habet ad obiecti rationem quam respicit aliqua potentia, non diversificat potentiam. Accidit enim colorato quod sit homo, aut magnum, aut parvum. Unde omnia huiusmodi eadem visiva potentia apprehenduntur. Accidit autem alicui apprehenso per intellectum quod ordinetur ad opus, vel non ordinetur. Secundum hoc autem differunt intellectus speculativus et practicus; nam intellectus speculativus est qui quod apprehendit, non ordinat ad opus, sed ad solam veritatis considerationem; practicus vero intellectus dicitur qui hoc quod apprehendit, ordinat ad opus. Et hoc est quod Philosophus dicit, quod „speculativus, differt a practico fine"; unde et a fine denominatur uterque; hic quidem speculativus ille vero practicus, id est operativus.

intellectus practicus durchaus nicht als ein vom theoretischen Verstande verschiedenes Vermögen der Seele, als eine neue Potenz aufzufassen. Der theoretische und praktische Verstand sind keine verschiedenen Potenzen. Es sind nur verschiedene Beziehungen ein und desselben Denkvermögens. Ein und derselbe Verstand betrachtet die Wahrheit, insofern sie erkennbar ist, und insofern sie ins Werk umgesetzt werden soll; im ersten Falle heifst er intellectus speculativus, im letzten intellectus practicus. Der Unterschied zwischen beiden liegt in der Verschiedenheit des Zweckes. Der Erkenntnisakt des theoretischen Verstandes trägt seinen Zweck in sich, der des praktischen dagegen ist auf das Handeln gerichtet.

Eben daraus ergibt sich eine weitere Bestimmung und Unterscheidung, wenn wir das Objekt ins Auge fassen, welches dem theoretischen und welches dem praktischen Verstande zukommen kann. Der hl. Thomas läfst alle Dinge vom theoretischen, nicht aber alle vom praktischen Verstande erkannt werden. Letzterer erkennt nur solche Dinge, welche zum Gegenstande des Handelns zu machen der Mensch im stande ist.[1]) Darum können Gott, die

[1]) S. th. 1 q 14 a 16: Respondeo dicendum quod aliqua scientia est speculativa tantum, aliqua practica tantum, aliqua vero secundum aliquid speculativa et secundum aliquid practica. — Ad cuius evidentiam sciendum est quod aliqua scientia potest dici speculativa tripliciter. 1° Ex parte rerum scitarum, quae non sunt operabiles a sciente; sicut est scientia hominis de rebus naturalibus, vel divinis. 2° Quantum ad modum sciendi: ut puta, si aedificator consideret domum definiendo et dividendo, et considerando universalia praedicata ipsius; hoc siquidem est operabilia modo speculativo considerare, et non secundum quod operabilia sunt. Operabile enim est aliquid per applicationem formae ad materiam, non per resolutionem compositi in principia universalia formalia. 3° Quantum ad finem. Nam intellectus practicus differt fine a speculativo, sicut dicitur. Intellectus enim practicus ordinatur ad finem operationis; finis autem intellectus speculativi est consideratio veritatis. Unde, si quis aedificator consideret

Naturgesetze etc. nicht Gegenstand einer praktischen Erkenntnis sein. Dagegen kann alles, was der praktische Verstand erkennt, auch der theoretischen Betrachtungsweise unterzogen werden, indem mit dieser Erkenntnis „ein praktisches Interesse nicht verbunden wird". Daher kann auch das Einzelne sowohl wie das Allgemeine Gegenstand des theoretischen, wie des praktischen Wissens sein, das eine Mal um der Wahrheit willen, das andere Mal um der Handlung willen, mit dem Unterschiede nur, dafs im zweiten Falle wegen des partikulären Charakters der Handlung die Erkenntnis beim Allgemeinen nicht stehen bleiben kann, sondern zum Singulären fortschreiten mufs. Es geschieht dies sowohl nach Aristoteles als Thomas durch Reflexion auf die sinnliche Urteilskraft, vermöge welcher der praktische, an sich das Allgemeine erfassende Intellekt das allgemeine Gesetz auf das Partikuläre anwendet. Daraus ergibt sich von selbst, dafs im **praktischen** Syllogismus der die zweite (singuläre) Prämisse auffassende Intellekt als intellectus practicus zu bezeichnen ist. Wenn daher der νοῦς, welcher den singulären Untersatz im praktischen Syllogismus erfasst (ὁ δὲ ἐν ταῖς πρακτικαῖς[1]) zum νοῦς πρακτικός gemacht wurde, so geschah dies deshalb, weil es sich eben um einen praktischen Syllogismus handelt, und nicht um einen theoretischen: es geschah weder von Albertus noch von Thomas deshalb, weil sie sich willkürlich dazu verleiten liefsen, auch nicht deshalb weil sie meinten, das Einzelne könne nicht Gegenstand der theoretischen Betrachtung sein,[2]

qualiter posset fieri aliqua domus, non ordinans ad finem operationis, sed ad cognoscendum tantum, erit, quantum ad finem, speculativa consideratio; tamen de re operabili.

[1]) Eth. Nic. VI. 1143 a 35: Ὁ νοῦς τῶν ἐσχάτων ἐπ᾽ ἀμφότερα. καὶ γὰρ τῶν πρώτων ὅρων καὶ τῶν ἐσχάτων νοῦς ἐστι καὶ οὐ λόγος[, καὶ ὁ μὲν κατὰ τὰς ἀποδείξεις τῶν ἀκινήτων ὅρων καὶ πρώτων, ὁ δ᾽ ἐν ταῖς πρακτικαῖς τοῦ ἐσχάτου καὶ ἐνδεχομένου καὶ τῆς ἑτέρας προτάσεως.

[2]) Walter, d. c. W.

sondern deshalb, weil in dem aufs Handeln gerichteten Denken der Intellekt insofern thätig ist, als er sich auf ein aufser ihm liegendes Ziel hinordnet, und deshalb dasselbe nicht in sich trägt, was beim theoretischen Denken der Fall wäre. Der hl. Thomas lehrt ausdrücklich, dafs auch die Wahrheiten des praktischen Intellektes, wie schon gesagt, Gegenstand des theoretischen sein können, und sie sind es im theoretischen Syllogismus, die singulären sowohl als die allgemeinen: wenn Thomas aber sagt, dafs im praktischen Syllogismus das allgemeine Urteil des Obersatzes Gegenstand des theoretischen Verstandes sei[1]) so ist das insofern gerechtfertigt, als im Obersatz das Allgemeine erkannt und ausgesprochen wird, das Allgemeine aber für's Handeln ohne Wert ist; deshalb kommt im Untersatz erst der Intellekt als praktischer zur Geltung; im Untersatz geht das Denken aufs Einzelne, welches allein ins Bereich des Handelns gehört.

Die Klugheit nun ist eine Tugend des praktischen Intellektes.[2]) Sie ist eine Tugend im eigentlichen und vollen Sinne. Durch sie wird der Mensch nicht blofs befähigt, so zu handeln, dafs das Werk vollkommen werde und an sich gut gelinge, wie durch die Kunst, sondern einen moralisch richtigen Gebrauch von dieser Befähi-

---

[1]) S. th. 1, 2 q 57 a 5 ad 3: Verum intellectus speculativi accipitur per conformitatem intellectus ad rem. Et quia intellectus non potest infallibiliter conformari in rebus contingentibus, sed solum in necessariis; ideo nullus habitus speculativus contingentium est intellectualis virtus, sed solum est circa necessaria. Verum autem intellectus practici accipitur per conformitatem ad appetitum rectum, quae quidem conformitas in ne cessariis locum non habet, quae voluntate humana non fiunt; sed solum in contingentibus, quae possunt a nobis fieri, sive sint agibilia interiora, sive factibilia exteriora. Et ideo circa sola contingentia ponitur virtus intellectus practici; circa factibilia quidem ars, circa agibilia vero prudentia.
[2]) S. th. 2, 2 q 47 a 2.

gung zu machen; das letztere Moment hängt allerdings nicht vom Intellekt ab, sondern vom Willen, weshalb die Klugheit nur insofern eine Tugend im eigentlichen Sinne genannt werden kann, als sie die „rectitudo voluntatis" voraussetzt.[1]) Als eine besondere Tugend hat sie auch ihr eigentümliches Gebiet, für welches sie den Menschen befähigt; sie ist die recta ratio agibilium. Hiedurch ist sie geschieden von der anderen Tugend des intellectus practicus, nämlich der „Kunst", wie sie dadurch in Verbindung gebracht ist mit der „rectitudo voluntatis", die sie voraussetzt. Während die „Kunst" das handelnde Subjekt befähigt, ein Werk nach den diesem eigenen Gesetzen gut zu vollbringen, ordnet und beherrscht die Klugheit die inneren Triebe und Leidenschaften des Menschen, daſs sie nicht die Wahl der Mittel, welche ein Werk der Vernunft ist, stören oder ihr vorgreifen. Weil aber die Wahl der Mittel vom bestimmten Endziel abhängt, das handelnde Subjekt sich aber durch die „rectitudo voluntatis" auf das Endziel hinordnet, so setzt die Klugheit, soll sie wahre Klugheit sein, auch die Hinordnung des Begehrungsvermögens auf das wahre letzte Ziel voraus. Weil ferner die Wahl sich nur auf solches erstreckt, was auch anders sich verhalten kann, nicht aber auf Notwendiges, so bestimmt sich das Objekt der Tugend der Klugheit als das Veränderliche, Contingente, wie auch das des intellectus practicus, welcher, weil auf das menschliche Handeln gerichtet, nicht auf die den Menschen beherrschende Notwendigkeit, sondern auf das von des Menschen Macht Abhängige, daher Zufällige hingeordnet ist.

Aus dem Gesagten scheint nun wohl hervorzugehen, daſs die Scholastiker, indem sie vom intellectus practicus reden, nicht ein Vermögen neben der $\varphi\varrho\acute{o}\nu\eta\sigma\iota\varsigma$ in die Ethik einführen wollten; sie fassen das Verhältnis zwischen dem

---

[1]) S. th. 1, 2 q 54 a 3 und 4.

spekulativen und praktischen Verstand und zwischen diesem und der Klugheit nicht anders als Aristoteles und indem sie die Klugheit als Tugend des praktischen Intellektes bezeichnen, hatten sie nicht die Absicht, neben der φρόνησις ein neues Vermögen anzunehmen, vielmehr bezeichneten sie denselben intellectus als Subjekt der Klugheit, welcher intellectus theoreticus oder speculativus heifst, wenn er erkennend thätig ist um der Wahrheit und nicht um der Handlung willen und als solcher Subjekt der Weisheit ist.

VI.

Ist nun der hl. Thomas dahin gekommen, mit Aristoteles das Wesen der Glückseligkeit in der Thätigkeit des theoretischen Verstandes zu suchen, so steht er nun doch nicht an, das Ungenügende der aristotelischen Anschauung hervorzuheben und weiter als der Stagirite zu gehen. Letzterer sagt, die Glückseligkeit bestehe in der beschaulichen Thätigkeit — θεωρητικὴ ἐνέργεια.[1]) Der hl. Thomas gesteht im Allgemeinen zu, dafs „in contemplatione veritatis" das Wesen der Glückseligkeit des Menschen bestehe.[2]) Aber er fordert noch eine genauere Bestimmung des Objektes der Erkenntnis und der Art der Erkenntnis.

Jene beschauliche Thätigkeit des Verstandes, welche in der spekulativen Wissenschaft besteht und deren höchstes Ziel die durch Beweisführung zu erlangende Erkenntnis Gottes ist, reicht nach Thomas nicht hin, die vollkommene Glückseligkeit des Menschen zu begründen. Da die vollkommene Glückseligkeit des Menschen jeden Mangel ausschliefst, so kann sie wesentlich nur in etwas begründet sein, was selbst vollkommen ist. Es mufs dieses wesentliche Moment im stande sein, den Menschen über jede Unvollkommenheit zu erheben, da ja in demselben die

---

[1]) Eth. Nic. X. 1177 a 18.
[2]) S. c. g. III cp. 37.

letzte Vollendung des Menschen liegt. Dieser Zustand wird aber durch die Betrachtung der spekulativen Wissenschaften nicht erreicht, wenn auch der Mensch durch dieselbe seinem Ziele nahe gebracht wird. Der Hauptsatz des von Thomas hiefür geführten Beweises ist folgender:[1]) non aliquid perficitur ab aliquo inferiori, nisi secundum quod in inferiori est aliqua participatio superioris. In diesem Satze ist sowohl ausgesprochen, warum in der Betrachtung der spekulativen Wahrheit nicht die vollkommene Glückseligkeit besteht, als auch der Grund angegeben, warum ein unvollkommener, niederer Grad derselben durch sie begründet wird. Es ist klar, dafs durch das Niedere das Höhere nicht wesentlich vervollkommnet werden kann. Weil die Betrachtung der spekulativen Wissenschaft nun dem Menschen nichts bietet, was über ihm stünde, so wird er durch dieselbe nicht wesentlich vervollkommnet. Keine Wissenschaft nämlich erhebt sich über ihre Prinzipien; nur soweit dringt sie vor, als die Kraft ihrer Prinzipien reicht; in den

---

[1]) S. th. 1, 2 q 3 a 6: Respondeo dicendum quod, sicut supra dictum est (art. 2 huius quaest. ad 4), duplex est hominis beatitudo, una perfecta, et alia imperfecta. Oportet autem intelligere perfectam beatitudinem, quae attingit ad veram beatitudinis rationem; beatitudinem autem imperfectam, quae non attingit, sed participat quandam particularem beatitudinis similitudinem; sicut est perfecta prudentia in homine, apud quem est ratio rerum agibilium; imperfecta autem prudentia est in quibusdam animalibus brutis, in quibus sunt quidam particulares instinctus ad quaedam opera similia operibus prudentiae. Perfecta igitur beatitudo in consideratione scientiarum speculativarum essentialiter consistere non potest. Ad cuius evidentiam considerandum est quod consideratio speculativae scientiae non se extendit ultra virtutem principiorum illius scientiae; quia in principiis scientiae virtualiter tota scientia continetur. Prima autem principia scientiarum speculativarum sunt per sensum accepta, ut patet per Philosophum. Unde tota consideratio scientiarum speculativarum non potest ultra extendi quam sensibilium cognitio ducere potest. In cognitione autem sensibilium non potest consistere ultima

Prinzipien ist ja die ganze Wissenschaft wie im Keime enthalten. Da aber die Prinzipien der spekulativen Wissenschaften durch Abstraktion ihrer Begriffe aus der Sinnenwelt gewonnen werden, können sie die Erkenntnis nicht weiter fördern, als die Erkenntnis der sinnlich wahrnehmbaren Dinge führen kann. Diese aber schliefst nur ein die Erkenntnis der Wesenheiten der sinnlichen Dinge und ermöglicht nur die Erkenntnis der Existenz einer obersten und letzten Ursache, ohne uns über deren Wesenheit vollkommenen Aufschlufs zu gewähren; kraft der Prinzipien der spekulativen Wissenschaften wird Gott, welcher über dem Menschen stünde und dessen Erkenntnis den Menschen wesentlich vervollkommnen würde, nur als „causa prima" erkannt, nicht aber, was er an sich ist. Es liegt also in der Betrachtung der spekulativen Wissenschaften eine Beschränkung und Unvollkommenheit, so dafs sie nicht des Menschen höchste und letzte Vollkommenheit sein kann.

Gleichwohl ist sie eine teilweise Vervollkommnung

---

hominis beatitudo quae est ultima eius perfectio. Non enim aliquid perficitur ab aliquo inferiori, nisi secundum quod in inferiori est aliqua participatio superioris. Manifestum est autem quod forma lapidis, vel cuiuslibet rei sensibilis est inferior homine; unde per formam lapidis non perficitur intellectus inquantum est talis forma, sed inquantum in ea participatur aliquid simile alicui quod est supra intellectum humanum, scilicet lumen intelligibile, vel aliquid huiusmodi. Omne autem quod est per aliud, reducitur ad id quod est per se. Unde oportet quod ultima perfectio hominis sit per cognitionem alicuius rei quae sit supra intellectum humanum. Ostensum est autem (part. I, q LXXXVIII, art. 2), quod per sensibilia non potest deveniri in cognitionem substantiarum separatarum, quae sunt supra intellectum humanum. Unde relinquitur quod hominis ultima beatitudo non potest esse in consideratione speculativarum scientiarum. Sed sicut in formis sensibilibus participatur aliqua similitudo substantiarum superiorum, ita consideratio scientiarum speculativarum est quaedam participatio verae et perfectae beatitudinis.

des Menschen; sie ist das höchste Ziel des Menschen in diesem Leben. Denn auch das Niedere kann das Höhere vervollkommnen, insofern in demselben eine Teilnahme an einem Höheren, eine Offenbarung des Höheren liegt. Der hl. Thomas erklärt dies durch ein Beispiel. Der Stein, gewifs unter dem Menschen stehend, kann betrachtet werden an sich und ohne weitere Beziehung; insofern ist die Erkenntnis seiner Wesenheit keine wesentliche Vervollkommnung des Menschen. Er kann aber auch betrachtet werden als eine realisierte Idee Gottes; unter diesem Gesichtspunkte kommt etwas auch im Stein zur Offenbarung, wenn auch nur teilweise und mangelhaft, was über dem Menschen steht, nämlich Gottes eigene Vollkommenheit. So liegt demnach auch in der Erkenntnis der sinnlichen Welt eine Vervollkommnung des Menschen und zwar eine solche, welche als Teilnahme an der vollkommenen Glückseligkeit bezeichnet werden mufs: omne quod est per aliud, reducitur ad id quod est per se.

So kommt der hl. Thomas auch noch auf einem anderen Wege als Aristoteles zur Ansicht, dafs des Menschen höchste Glückseligkeit in diesem Leben in der Thätigkeit der theoretischen Vernunft besteht, obwohl er zugleich dadurch zeigt, dafs diese Glückseligkeit eine unzulängliche ist. Aristoteles fand mehr auf analytischem Wege seine Behauptung, Thomas zeigt uns noch das Verhältnis der spekulativen Wissenschaft zur höchsten Vollendung, welche in der unmittelbaren Erkenntnis Gottes besteht, er betrachtet es als das Verhältnis der Teilnahme, der Wirkung zur Ursache und gewährt dadurch eine Erkenntnis aus der Ursache, die vollkommener ist als die auf analytischem Wege gewonnene.

Übrigens bemüht sich der hl. Thomas, auch in diesem Punkte den Stagiriten so zu deuten, dafs dessen Anschauung von der geübten Kritik nicht getroffen erscheint;

Thomas meint, Aristoteles habe nur die unvollkommene Glückseligkeit im Auge gehabt und diese mit Recht in der beschaulichen Thätigkeit der Spekulation gefunden. Diesen Gedanken spricht Thomas zu wiederholten Malen aus.[1]) Dagegen kann man wohl sagen, es sei zuzugeben, dafs Aristoteles faktisch, indem er das Wesen der Glückseligkeit in die auf dem Wege der Spekulation erreichbare Erkenntnis der göttlichen Dinge verlegte, eine mit Unvollkommenheiten aller Art behaftete Glückseligkeit dem Menschen zuwies. Dafs er es aber mit dem Bewufstsein gethan, es sei dem Menschen eine höhere, vollkommene Glückseligkeit bestimmt, ist aus seinen Schriften nicht ersichtlich; vielmehr sieht er die von ihm bestimmte Glückseligkeit als eine vollkommene an, da er sie als $\dot{\eta}$ $\tau \epsilon \lambda \epsilon i\alpha$ $\epsilon \dot{v} \delta \alpha \iota \mu o \nu i \alpha$ bezeichnet;[2]) allerdings mufs nicht gerade angenommen werden, dafs Aristoteles eine absolute Vollkommenheit im Auge hatte, da er nur insofern der Glückseligkeit den Begriff $\tau \epsilon \lambda \epsilon \iota o \varsigma$ beilegt, als sie nicht um eines Anderen willen, sondern um ihrer selbst willen gewollt ist,[3]) nicht aber insofern, als sie alle Übel ausschliefsen würde. Daher dürfte auch gerade in der vom hl. Thomas zitierten Stelle: $\mu\alpha\kappa\alpha\rho i o v \varsigma$ $\dot{\epsilon}\rho o \tilde{v} \mu \epsilon \nu$ $\tau \tilde{\omega} \nu$ $\zeta\dot{\omega}\nu\tau\omega\nu$ $o \tilde{i} \varsigma$ $\dot{v}\pi\dot{\alpha}\rho\chi\epsilon\iota$ $\kappa\alpha\dot{\iota}$ $\dot{v}\pi\dot{\alpha}\rho\xi\epsilon\iota$ $\tau\dot{\alpha}$ $\lambda\epsilon\chi\vartheta\dot{\epsilon}\nu\tau\alpha,$ $\mu\alpha\kappa\alpha\rho i o v \varsigma$ $\delta' \dot{\alpha}\nu\vartheta\rho\dot{\omega}\pi o v \varsigma$[4]) nicht notwendig zu suchen sein, was Thomas darin finden will; berührt doch Aristoteles die notwendige Bedingung zu einer derartigen Annahme, nämlich die Unsterblichkeit der Seele und deren etwaige Thätigkeit nach dem Tode, wie Thomas selbst tadelnd bemerkt,[5]) gar nicht,

---

[1]) S. th. l. c. ad 1.
[2]) Eth. Nik. I. 1101 a 18.
[3]) l. c. 1079 a 33.
[4]) Eth. Nic. I. 1101 a 19.
[5]) S. c. g. III. cp. 48: Quia vero Aristoteles vidit (Eth., Nik. x, c. 10) quod non est alia cognitio hominis in hac vita quam per scientias speculativas, posuit hominem non consequi felicitatem per-

obwohl sie von so wesentlicher Bedeutung für die Lösung der vorliegenden Frage gewesen wäre.

VII.

Der nun folgende, berühmte achte Artikel unserer Quästion, in welchem die abschliefsende Antwort auf die Frage nach der Wesenheit der menschlichen Glückseligkeit gegeben wird, berührt uns nur insoweit, als in ihm Gedanken enthalten sind, welche sich, wenigstens objektiv als eine Kritik der aristotelischen Anschauung darstellen. Denn insofern in diesem Artikel Thomas das unmittelbare Erfassen der göttlichen Wesenheit als wesentliches Moment der menschlichen Glückseligkeit bezeichnet, spricht er offenbar nicht mehr als Philosoph; es ist der menschlichen Vernunft unmöglich, Mittel und Wege, die Möglichkeit zu finden, dafs unmittelbar erkannt werde, was Gott sei. Doch das kann durch Vergleich mit der Erkenntnis der geschaffenen Körperwelt erkannt werden, dafs die **Erkenntnis Gottes auf dem Wege des diskursiven Denkens eine Unvollkommenheit einschliefst und deshalb nicht hinreicht, des Menschen vollkommene Glückseligkeit zu begründen.** Dem Aquinaten wird durch Anwendung aristotelischer Sätze die geübte Kritik ermöglicht. Die Unvollkommenheit der Erkenntnis Gottes auf diskursivem Wege be-

---

fectam, sed suo modo. In quo satis apparet quantam angustiam patiebantur hinc inde eorum praeclara ingenia; a quibus angustiis liberabimur, si ponamus, secundum probationes praemissas, homines ad veram felicitatem post hanc vitam pervenire posse, anima hominis immortali existente; in quo statu anima intelliget per modum quo intelligunt substantiae separatae, sicut ostensum est (1. II, c. 81). Erit igitur ultima felicitas hominis in cognitione Dei quam habet humana mens post hanc vitam per modum quo ipsum cognoscunt substantiae separatae. Propter quod Dominus mercedem in coelis nobis promittit (Matth., V), et Matthaeus dicit quod sancti erunt sicut Angeli (XXXII, 30), qui vident Deum semper in coelis, ut dicitur (Matth., XVIII, 10).

steht darin, dafs Gott nicht so erkannt wird, wie es dem Intellekte entsprechend ist. Das eigentliche Objekt des Intellektes nämlich ist die Wesenheit des erkannten Dinges. Die Erkenntnis Gottes, auf dem Wege der Schlufsfolgerung von der Wirkung auf die Ursache gewonnen, führt aber nicht weiter als bis zur Existenz Gottes, nicht aber reicht sie bis zur Wesenheit Gottes selbst hinan. So haftet dieser Erkenntnis, obwohl sie die Bethätigung des vornehmsten menschlichen Vermögens in Bezug auf dessen vorzüglichstes Objekt ist, eine Unvollkommenheit an, welche überall sich zeigt, wo die Wirkung und aus der Wirkung die Existenz der Ursache, nicht aber das Wesen der Ursache erfafst wird. Diese Unvollkommenheit offenbart sich dem Menschen nach Art eines ungestillten Verlangens, das sich durch Verwunderung ausdrückt und aus dem ein neuer Forschungstrieb entspringt.[1])

Es richtet sich diese Bemerkung des hl. Thomas gegen die Ausführung des Aristoteles, nach welcher die Thätig-

---

[1]) S. th. 1, 2 q 3 a 8: Respondeo dicendum quod ultima et perfecta beatitudo non potest esse nisi in visione divinae essentiae. Ad cuius evidentiam duo consideranda sunt. Primo quidem, quod homo non est perfecte beatus quamdiu restat ei aliquid desiderandum et quaerendum. Secundum est quod uniuscuiusque potentiae perfectio attenditur secundum rationem sui obiecti. Obiectum autem intellectus est quod quid est, id est, essentia rei, ut dicitur, unde intantum procedit perfectio intellectus, inquantum cognoscit essentiam alicuius rei. Si ergo intellectus aliquis cognoscat essentiam alicuius effectus, per quam non possit cognosci essentia causae, ut scilicet sciatur de causa quid est, non dicitur intellectus attingere ad causam simpliciter; quamvis per effectum cognoscere possit de causa an sit. Et ideo remanet naturaliter homini desiderium, cum cognoscit effectum, et scit eum habere causam, ut etiam sciat de causa quid est; et illud desiderium est admirationis, et causat inquisitionem, ut dicitur, puta, si aliquis cognoscens eclipsim solis considerat quod ex aliqua causa procedit, de qua, quia nescit quid sit, admiratur, et admirando inquirit; nec ista inquisitio quiescit, quousque perveniat ad cognos-

keit des spekulativen Forschens, die Erkenntnis der letzten und höchsten Ursache am meisten reine Freude und Ruhe gewährt und durch sich selbst genügt.[1)] Thomas leugnet nicht, dafs das kontemplative Leben einen edlen und hochbefriedigenden Genufs einschliefst, aber er leugnet, dafs des Menschen Verlangen vollständig befriedigt werde: remanet naturale desiderium.

Ob nun diesem Verlangen des Menschen jemals volle Befriedigung werde und in welcher Weise, kann auf natürlichem Wege nicht erkannt werden; die Antwort anf diese Frage ist nicht Sache des Philosophen, sondern des Theologen.

Soll zum Schlusse noch einmal klar herausgestellt werden, in wieweit in der Bestimmung des Wesens der Glückseligkeit Thomas dem Stagiriten folgt, so finden wir eine vollständige Übereinstimmung beider darin, dafs sie lehren, des Menschen Glückseligkeit werde wesentlich begründet durch die beschauliche Thätigkeit der Vernunft. Wenn Aristoteles den Ausdruck gebraucht, des Menschen Glückseligkeit bestehe in einer $\mathit{\mathit{ἐνέργεια\ τῆς\ ψυχῆς\ κατ᾽\ ἀρετὴν\ κρατίστην}}$[2)] und als die $\mathit{ἀρετὴ\ κρατίστη}$ die $\mathit{σοφία}$ bezeichnet,[3)] so ist es dasselbe, was Thomas meint mit

cendum essentiam causae. Si igitur intellectus humanus cognoscens essentiam alicuius effectus creati, non cognoscat de Deo nisi an est, nondum perfectio eius attingit simpliciter ad causam primam, sed remanet ei adhuc naturale desiderium inquirendi causam; unde nondum est perfecte beatus. Ad perfectam igitur beatitudinem requiritur quod intellectus pertingat ad ipsam essentiam primae causae. Et sic perfectionem suam habebit per unionem ad Deum sicut ad obiectum, in quo solo beatitudo hominis consistit, ut supra dictum est (art. praec. et art. 1 hui. quaest.)

[1)] Eth. Nic X. 1177 a 22: οἰόμεθά τε δεῖν ἡδονὴν παραμεμίχθαι τῇ εὐδαιμονίᾳ, ἡδίστη δὲ τῶν κατ᾽ ἀρετὴν ἐνεργειῶν ἡ κατὰ τὴν σοφίαν ὁμολογουμένως ἐστίν. und b 4: δοκεῖ τε ἡ εὐδαιμονία ἐν τῇ σχολῇ εἶναι.

[2)] l. c. 1177 a 11: εἰ ἐστίν ἡ εὐδαιμονία κατ᾽ ἀρετὴν ἐνέργεια, εὔλογον κατὰ τὴν κρατίστην· αὕτη ἂν εἴη τοῦ ἀρίστου.

[3)] i. c. X. a 17: ὅτι ἐστὶ θεωρητική, εἴρηται.

dem Ausdruck: felicitatem consistere in contemplatione veritalis.[1]) Denn Thomas erklärt ausdrücklich, dafs er darunter nicht verstehe die Betrachtung der Dinge, welche in der Erkenntnis der obersten, allgemeinsten Prinzipien eingeschlossen sei, noch auch die wissenschaftliche Erkenntnis der sinnlich wahrnehmbaren Dinge, sondern jene Thätigkeit des Verstandes, welche sich auf die „nobilissima intelligibilia" beziehe, worunter eben die „contemplatio sapientiae" verstanden werde. Aufser den schon oben hervorgehobenen Gründen, welche Thomas bewegen, das beschauliche Leben als eigentliches und wesentliches Moment der irdischen Glückseligkeit zu bezeichnen, acceptiert er hiefür

[1]) S. c. g. III cp. 37: Si igitur ultima felicitas hominis non consistit in exterioribus quae dicuntur bona fortunae, neque in bonis corporis, neque in bonis animae quantum ad sensitivam partem, neque quantum ad intellectivam secundum actus moralium virtutum, neque ad actionem pertinent, scilicet artem et prudentiam, relinquitur quod ultima felicitas hominis sit in contemplatione veritatis.

Haec enim sola operatio hominis est sibi propria et in qua nullo modo aliquod aliud communicat.

Hoc etiam ad nihil aliud ordinatur sicut ad finem, quum contemplatio veritatis propter seipsam quaeratur. Per hanc etiam operationem homo substantiis superioribus coniungitur per similitudinem, quia hoc tantum de operationibus humanis in Deo et in substantiis separatis est.

Hac etiam operatione ad illa superiora coniungitur, cognoscendo ipsa quocumque modo.

Ad hanc etiam operationem homo sibi magis est sufficiens, utpote ad eam parum auxilio exteriorum rerum egens.

Ad hanc etiam omnes aliae operationes humanae ordinari videntur sicut ad finem. Ad perfectionem enim contemplationis requiritur incolumitas corporis, ad quam ordinantur artificialia omnia quae sunt necessaria ad vitam. Requiritur etiam quies a perturbationibus passionum, ad quam pervenitur per virtutes morales et per prudentiam et quies ab exterioribus passionibus, ad quam ordinatur totum regimen vitae civilis, ut sic, si recte considerentur, omnia humana officia servire videantur contemplantibus veritatem.

Non est autem possibile quod ultima hominis felicitas consistat

auch alle Gründe, welche Aristoteles[1]) vorbringt. Die „contemplatio veritatis" erscheint ihm als jene Thätigkeit, welche dem Menschen ausschliefslich unter den sinnlich wahrnehmbaren Geschöpfen eigen ist; welche nur um ihrer selbst willen geschieht, ohne einem anderen Zwecke zu dienen; durch welche der Mensch den über ihm stehenden Wesen am nächsten kommt; welche am wenigsten von äufseren Umständen abhängig ist, da sie weniger als irgend eine andere Thätigkeit äufserer Hilfsmittel bedarf. All' diese Gründe finden sich bei Aristoteles. Dazu fügt Thomas noch, dafs alle übrigen Dinge um und im Menschen auf die Ermöglichung des beschaulichen Lebens hingeordnet zu sein scheinen. Die „contemplatio veritatis" scheint also nicht blofs letztes Ziel insofern zu sein, als sie keinem weiteren Ziele dient, sondern auch insofern, als alle übrigen Ziele und Absichten auf sie als ihren letzten Zweck abzielen.

in contemplatione quae est secundum intellectum principiorum, quae est imperfectissima, sicut maxime universalis, rerum cognitionem in potentia continens et est principium, non finis humani studii, a natura nobis proveniens, non secundum studium veritatis; neque etiam secundum scientias, quae sunt de rebus infimis, quum oporteat felicitatem esse in operatione intellectus per comparationem ad nobilissima intelligibilia. Relinquitur igitur quod in contemplatione sapientiae ultima hominis felicitas consistat, secundum divinorum considerationem.

[1]) Eth. Nic. X. 1177 a 25: δοκεῖ γοῦν ἡ φιλοσοφία θαυμαστὰς ἡδονὰς ἔχειν καθαριότητι καὶ τῷ βεβαίῳ, εὔλογον δὲ τοῖς εἰδόσι τῶν ζητούντων ἡδίω τὴν διαγωγὴν εἶναι. ἥ τε λεγομένη αὐτάρκεια περὶ τὴν θεωρητικὴν μάλιστ᾽ ἂν εἴη· τῶν μὲν γὰρ πρὸς τὸ ζῆν ἀναγκαίων καὶ σοφὸς καὶ δίκαιος καὶ οἱ λοιποὶ δέονται, τοῖς δὲ τοιούτοις ἱκανῶς κεχορηγημένων ὁ μὲν δίκαιος δεῖται πρὸς οὓς δικαιοπραγήσει καὶ μεθ᾽ ὧν, ὁμοίως δὲ καὶ ὁ σώφρων καὶ ὁ ἀνδρεῖος καὶ τῶν ἄλλων ἕκαστος, ὁ δὲ σοφὸς καὶ καθ᾽ αὑτὸν ὢν δύναται θεωρεῖν, καὶ ὅσῳ ἂν σοφώτερος ᾖ, μᾶλλον· βέλτιον δ᾽ ἴσως συνεργοὺς ἔχων, ἀλλ᾽ ὅμως αὐταρκέστατος. δόξαι τ᾽ ἂν αὐτὴ μόνη δι᾽ αὑτὴν ἀγαπᾶσθαι· οὐδὲν γὰρ ἀπ᾽ αὐτῆς γίνεται παρὰ τὸ θεωρῆσαι, ἀπὸ δὲ τῶν πρακτικῶν ἢ πλεῖον ἢ ἔλαττον περιποιούμεθα παρὰ τὴν πρᾶξιν. δοκεῖ τε ἡ εὐδαιμονία ἐν τῇ σχολῇ εἶναι· ἀσχολούμεθα γὰρ ἵνα σχολάζωμεν, καὶ πολεμοῦμεν ἵνα εἰρήνην ἄγωμεν.

Zur vollkommenen Pflege des beschaulichen Lebens eignet sich nur ein gesunder, unversehrter Leib, dessen Leben durch natürliche wie künstliche Mittel erhalten und gefördert wird; es ist nötig die Freiheit von leidenschaftlichen Erregungen, sei es von inneren, welche durch die ethischen Tugenden und durch die Klugheit, oder von äufseren, welche durch verständige staatliche Leitung paralysiert werden.

Stimmen bisher Thomas und Aristoteles überein, so trennt sich nun Thomas von Aristoteles, indem er die in diesem Leben erreichbare Glückseligkeit als unvollkommene bezeichnet, aber doch als ein Abbild jener, welche in der unmittelbaren Anschauung Gottes besteht. Dafs Aristoteles trotz der offenbaren Unvollkommenheit der irdischen Glückseligkeit, diese als letztes Ziel festhält, brachte ihm, wie Thomas bemerkt, mancherlei Schwierigkeiten. Der Aquinate weist auf diese „angustiae" hin;[1]) einerseits mufs Aristoteles für die Glückseligkeit Beständigkeit fordern, andererseits zugestehen, dafs eine volle Sicherheit des Bestandes der menschlichen Weisheit nicht zukommt. Ferner müssen doch alle Menschen die Möglichkeit besitzen, ihr Ziel zu erreichen; sich der Thätigkeit des beschauenden Verstandes zu widmen, ist aber nur ganz wenigen möglich, und bei diesen hinwiederum ist sie von grofsen Schwierigkeiten und geringen Erfolgen begleitet. Endlich liegt es in der Glückseligkeit begründet, jegliches Übel auszuschliefsen; auch dies geschieht nicht durch die $\dot{\epsilon}\nu\dot{\epsilon}\rho\gamma\epsilon\iota\alpha\ \vartheta\epsilon\omega\rho\eta\tau\iota\varkappa\dot{\eta}$.

So drängen viele Umstände dazu, entweder die Glückseligkeit in diesem Leben zu suchen und bei derselben als einer unvollkommenen stehen zu bleiben, wie Thomas auch von Aristoteles behaupten will, oder sie im folgenden Leben als vollkommene sich verwirklichen zu lassen.

---

[1]) S. c. g. III cp. 48.

In den Ausführungen über die unmittelbare Anschauung Gottes als dem Wesen der vollkommeneren Glückseligkeit kann natürlich Aristoteles nicht mehr als Wegweiser dienen. Es ist daher auch nicht unsere Aufgabe, diesen Ausführungen des Aquinaten zu folgen. Auf das sei nur noch hingewiesen, dafs Thomas in ähnlicher Weise, wie Aristoteles von der ἐνέργεια κατ' ἀρετὴν κρατίστην zeigt, dafs sie alle übrigen Güter einschliefst, dies auch von der vollkommenen Glückseligkeit des zukünftigen Lebens aufweist. Die im Schauen Gottes bestehende Glückseligkeit bietet alles Wünschenswerte: die höchste wissenschaftliche Erkenntnis, vollkommene Tugend, Ansehen und Ehre und königliche Macht, Reichtum und Freude und Genufs, sowie Erhaltung des Lebens,[1]) weshalb sie um so mehr die vollkommene Glückseligkeit sein mufs, da von dieser schon Aristoteles das Miteinbegreifen aller Güter verlangt. Weil aber diesem Schauen der göttlichen Wesenheit das beschauliche Leben am meisten ähnlich ist, so gibt Thomas umsomehr denen, welche die vollkommene Glückseligkeit nicht erkennen konnten, Recht, wenn sie die in diesem Leben erreichbare ins beschauliche Leben verlegten.

---

[1]) l. c. III cp. 63: Huius autem perfectae et ultimae felicitatis in hac vita nihil est adeo simile sicut vita contemplantium veritatem, secundum quod est possibile in hac vita. Et ideo philosophi, qui de illa felicitate ultima plenam notitiam habere non potuerunt, in contemplatione quae est possibilis in hac vita ultimam felicitatem hominis posuerunt (Eth., Nik. x, c. 8).

Vierter Abschnitt.

Verhältnis der übrigen Güter zur Glückseligkeit.

In ihrem Wesen besteht die Glückseligkeit nach Aristoteles in der ἐνέργεια τῆς ψυχῆς κατ' ἀρετὴν ἀρίστην καὶ τελειοτάτην ἐν τελείῳ βίῳ,[1]) nach Thomas die vollkommene in der visio divinae essentiae, welche nicht in diesem Leben erreicht werden kann, die unvollkommene in der in diesem Leben erreichbaren wissenschaftlichen Betrachtung der göttlichen Dinge.[2]) Aus den im 3. Abschnitte gegebenen Erklärungen des Wesens der Glückseligkeit ergibt sich, daſs die Frage, worin des Menschen Glückseligkeit bestehe, mit der Bestimmung des wesentlichen Momentes noch nicht vollständig gelöst sei. Auſser der Thätigkeit des spekulativen Verstandes, der philosophischen Betrachtung der göttlichen Dinge, gibt es für den Menschen noch andere Güter der Seele, des Leibes und äuſsere Güter, deren Besitz das menschliche Leben vervollkommnet und demgemäſs auch die Glückseligkeit bedingt, da diese ja in der dem Menschen erreichbaren Vollkommenheit besteht und daher alle Güter einschlieſst nach der schon erwähnten Definition des Boēthius: beatitudo est status omnium bonorum aggregatione perfectus.[3])

---

[1]) Eth. Nic. I. 1093 a 16
[2]) S. th. 1, 2 q 3 a 6 und 8.
[3]) ib a 1 ad 1.

Es muſs demnach notwendig auch noch das Verhältnis der übrigen Güter des Menschen zur Glückseligkeit besprochen werden. Aristoteles kommt zu wiederholten Malen darauf zurück.¹) Der hl. Thomas hat seine Anschauungen hierüber in der vierten Quästion des schon öfters citierten Teiles der theologischen Summe niedergelegt. Hat er in der zweiten Quästion zuerst die äuſseren Güter, dann die des Leibes und die der Seele besprochen, so hält er hier die umgekehrte Reihenfolge ein. Der Einfluſs der aristotelischen Anschauungen gibt sich allenthalben kund, wenn auch Thomas oft seine Selbständigkeit sich gewahrt hat.

Mit der erkennenden Thätigkeit des Geistes, dem sicheren Besitze der Wahrheit ist aufs engste ein Gut verbunden, welches Aristoteles mit ἡδονή und mit delectatio²) der Aquinate bezeichnet. Das Wort „Lust" dafür zu setzen, geht wegen der Nebenbedeutung dieses Terminus nicht gut an, obwohl es schwer ist, einen passenderen Ausdruck dafür zu finden. Es ist kein Zweifel, daſs es sich hier um eine Art geistige Freude handelt, welche die klar erkannte Wahrheit gewährt, überhaupt aus dem Besitze eines Gutes sich ergibt. Das läſst schon die Definition erkennen, welche Thomas von der delectatio gibt: delectatio causatur ex hoc quod appetitus requiescit in bono adepto.³) Da es sich bei dem bonum adeptum um ein geistiges Gut handelt, mit dem der Mensch durch den geistigen Akt der Erkenntnis sich verbunden hat, so kann nur das „vernunfthabende" Begehren in ihm zur Ruhe kommen und nur eine geistige Freude gemeint sein. Die von Thomas gegebene Definition der Lust findet sich bei Aristoteles nicht. Dieser bestimmt sie als die letzte Vollendung der Thätigkeit;⁴)

---
¹) Eth. Nic. lib. I. u. X.
²) S. th. 1, 2 q 4 a 1 und 2.
³) ib. a 1.
⁴) Eth. Nic. X. 1174 b 28.

wie wir später sehen werden, verwendet auch diese der hl. Thomas häufig. Da es sich hier aber um die Bestimmung des Verhältnisses von der Lust und dem wesentlichen Momente der Glückseligkeit handelt, erscheint die von Thomas gegebene als die passendere. Aus ihr ist sofort klar, dafs im Zustande der Glückseligkeit die delectatio als notwendige Folge der durch das Erkennen hergestellten Verbindung mit dem höchsten Gute, die Befriedigung und Ruhe des Willens, also die Freude nicht fehlen kann, sondern naturnotwendig sich einstellen mufs; **die Freude begleitet die Erkenntnis Gottes notwendig.**[1])

Wenn Aristoteles die Lust als letzte Vollendung der Thätigkeit bezeichnet, so setzt er sie zur Glückseligkeit in kein anderes Verhältnis als Thomas; insofern nämlich vollendet sie die Thätigkeit, als sie sich als notwendige Folge daraus ergibt.[2])

Wegen ihres natürlichen und inneren Zusammenhanges mit dem wesentlichen Momente der Glückseligkeit kann die Lust für deren Besitz oder Erwerb nicht störend sein; im Gegenteil, sie mufs hierin den Menschen fördern. Sie bewirkt, dafs mit gröfserer Anspannung aller Kräfte und mit unbesiegbarer Ausdauer der Mensch jener Thätigkeit obliegt, welche die Quelle vieler Freuden und reiner Genüsse ist. Nur insofern könnte die Lust störend eingreifen, als sie auch anderen Thätigkeiten entspringen und nun die Aufmerksamkeit diesen zuwenden könnte. Diese Anschauungen des Stagiriten acceptiert Thomas.[3])

---

[1]) S. th. ib. a 1: Unde cum beatitudo nihil aliud sit quam adeptio summi boni, non potest esse beatitudo sine delectatione concomitante.

[2]) Eth. Nic. X. 1174 b 33.

[3]) S. th. ib. a 1 ad 3: Delectatio concomitans operationem intellectus non impedit ipsam, sed magis eam confortat, ut dicitur. Ea enim quae delectabiliter facimus, attentius et perseverantius operamur. Delectatio autem extranea impedit operationem, quandoque quidem

Durch Aristoteles selbst angeregt untersucht dann Thomas, ob die Lust höher stehe als das Schauen. Die Stelle, auf welche sich Thomas beruft, lautet: πότερον διὰ τὴν ἡδονὴν τὸ ζῆν αἱρούμεϑα ἢ διὰ τὸ ζῆν τὴν ἡδονὴν, ἀφείσϑω ἐν τῷ παρόντι.[1]) Die von Aristoteles hier aufgeworfene, aber nicht gelöste Frage sucht Thomas zu beantworten. Die Thätigkeit des Intellektes ist ein höheres Gut als die aus ihr fliefsende geistige Freude. Die oben angeführte Fassung der Definition von der Lust: „Ruhen des Willens im erlangten Gute" gibt zur Erhärtung der Behauptung den Schlüssel. Der Wille findet nur wegen der Güte eines Dinges in dessen Besitz Ruhe und Befriedigung; es begehrt der Wille eine Sache nicht wegen der eigenen Ruhe, die für ihn aus dem Besitz der Sache folgt, sonst wäre ja sein eigener Akt letztes Ziel, was, wie im 3. Abschnitte gezeigt worden, unmöglich ist; er sucht vielmehr deshalb im Besitze einer Sache zur Ruhe zu kommen, d. h. nicht mehr nach einem anderen zu verlangen, weil sie ein sein Verlangen vollständig erfüllendes Gut ist. So erscheint offenbar die Thätigkeit des Schauens der göttlichen Wesenheit höher als die aus derselben für den Willen sich ergebende Freude.[2])

ex intentionis distractione; quia, sicut dictum est (hic sup.), ad ea quibus delectamur, magis intenti sumus; et dum uni vehementer intendimus, necesse est quod ab alio intentio retrahatur; quandoque autem etiam ex contrarietate, sicut delectatio sensus contraria rationi impedit aestimationem prudentiae magis quam aestimationem speculativi intellectus. — Eth. Nic. X. 1175 a 30: συναύξει γὰρ τὴν ἐνέργειαν ἡ οἰκεία ἡδονή, und X. 1075 b: ἔτι δὲ μᾶλλον τοῦτ' ἂν φανείη ἐκ τοῦ τὰς ἀφ' ἑτέρων ἡδονὰς ἐμποδίους ταῖς ἐνεργείαις εἶναι.

[1]) ib. X. 1175 a 18.
[2]) S. th. 1, 2 q 4 a 2: Si quis diligenter consideret, ex necessitate oportet quod operatio intellectus, quae est visio, sit potior delectatione. Delectatio enim consistit in quadam quietatione voluntatis; quod autem voluntas in aliquo quietetur, non est nisi propter bonitatem eius in quo quietatur. Si ergo voluntas quietatur in aliqua

Es widerspricht diese Schlufsfolgerung nicht der Definition, die Aristoteles von der Lust als letzte Vollendung der Thätigkeit gibt; denn er will damit nicht sagen, dafs durch die Lust die Thätigkeit in ihrer Art vervollkommnet wird; die Thätigkeit ist, was sie ist, durch sich selbst und auch ohne die Lust, welche ihr entspringt. Aristoteles spricht sich deutlich hierüber aus. Die Lust ist nicht insofern die letzte Vollendung der Thätigkeit, als ob sie ein innerlich die Thätigkeit konstituierendes Moment wäre, wie z. B. das Objekt, auf welches die Handlung sich bezieht. Sie bestimmt deshalb auch keinen Artunterschied der Handlungen, sondern empfängt diesen vielmehr selbst von der Thätigkeit. Die Lust ist vielmehr eine zu der in ihrer Art vollkommenen geistigen Thätigkeit hinzukommende Vervollkommnung, welche, ohne an der Glückseligkeit innerlich und wesentlich etwas zu ändern, als natürlicher Ausflufs aus derselben sich ergibt; sie ist deren letzte, wohl wesentliche, d. i. im Wesen begründete, aber nicht deren Wesens-Vollendung.[1])

Es ist die Bedeutung nicht zu unterschätzen, welche gerade diesem Artikel beizumessen ist. Wenn der hl. Thomas in der weiteren Entwicklung der aristotelischen Begriffe erklärt, die Lust sei nicht das Vorzüglichere, und

---

operatione, ex bonitate operationis procedit quietatio voluntatis. Nec voluntas quaerit bonum propter quietationem; sic enim ipse actus voluntatis esset finis, quod est contra praemissa (quaest. I, art. 1 ad 2). Sed ideo quaerit quod quietetur in operatione, quia operatio est bonum eius. Unde manifestum est quod principalius bonum est ipsa operatio, in qua quietatur voluntas, quam quietatio voluntatis in ipso.

¹) Eth. Nic. X. 1174 b 23: οὐ τὸν αὐτὸν δὲ τρόπον ἥ τε ἡδονὴ τελειοῖ καὶ τὸ αἰσθητόν τε καὶ ἡ αἴσθησις, σπουδαῖα ὄντα, ὥσπερ οὐδ' ἡ ὑγίεια καὶ ὁ ἰατρὸς ὁμοίως αἰτιά ἐστι τοῦ ὑγιαίνειν. — b 31: τελειοῖ δὲ τὴν ἐνέργειαν ἡ ἡδονὴ οὐχ ὡς ἕξις ἐνυπάρχουσα, ἀλλ' ὡς ἐπιγιγνόμενόν τι τέλος, οἷον τοῖς ἀκμαίοις ἡ ὥρα.

die geistige Thätigkeit werde nicht um des Ergötzens willen gewollt, so ist damit dem Vorwurf einer Lustmoral jegliche Berechtigung von vornherein entzogen. So enge die Lust mit der Glückseligkeit, deren Wesen im Schauen Gottes besteht, verbunden ist — niemals ist sie die Ursache, warum nach dem Schauen der göttlichen Wesenheit oder nach der in der Weisheit liegenden spekulativen Erkenntnis des Erhabensten und Göttlichsten gestrebt wird. Der Grund des Strebens ist einzig und allein die in der Handlung selbst liegende Güte; ja diese ist sogar auch der Grund, warum mit der Handlung Befriedigung von seite des Willens oder Freude sich verbindet. Selbst Aristoteles sagt, dafs auch ohne die daraus folgende Lust und Freude nach einer guten und vollkommenen Handlung ein rechtschaffener Mann verlangen wird: $\pi\varepsilon\varrho\grave{\iota}\ \pi o\lambda\lambda\grave{\alpha}\ \sigma\pi o v\delta\grave{\eta}v\ \pi o\iota\eta\sigma\alpha\acute{\iota}\mu\varepsilon\vartheta'\ \ \mathring{\alpha}v\ \varkappa\alpha\grave{\iota}\ \varepsilon\grave{\iota}\ \mu\eta\delta\varepsilon\mu\acute{\iota}\alpha v\ \grave{\varepsilon}\pi\iota\varphi\acute{\varepsilon}\varrho o\iota\ \mathring{\eta}\delta o v\acute{\eta}v.$[1]) Daraus folgt klar, dafs auch Aristoteles nicht als Vertreter der Lustmoral aufgefafst werden kann;[2]) jedenfalls hat ihn Thomas nicht so aufgefafst und mit Recht; doch kann man daraus nicht schliefsen, dafs Aristoteles im letzten Grunde das Moment des Sittlichen richtig bestimmt hat.

Nicht minder wichtig scheint die Frage des hl. Thomas zu sein, ob auch die „rectitudo voluntatis" zur Glückseligkeit nötwendig sei. Was versteht der Aquinate unter der „rectitudo voluntatis?" Er gibt zwei Erklärungen für dieselbe. Die eine lautet: rectitudo voluntatis est per debitum ordinem ad finem; die andere: amare omnia sub ratione boni communis est, quod facit voluntatem rectam.[3]) Beide Erklärungen sind der Sache nach nicht verschieden. Die erste

---

[1]) l. c. X. 1174 a 4.

[2]) Jodl, Geschichte der Ethik I. — Trendelenburg, Historische Beiträge III, 193 f

[3]) S. th. 1, 2 q 4 a 4.

gibt mehr das Formale der „rectitudo voluntatis": es besteht darin, dafs der Wille in allen seinen Strebungen auf das letzte Ziel hingeordnet sei; die zweite gibt an, wodurch diese Beziehung, und Hinordnung sich verwirklicht: dadurch, dafs der Wille alles, was er will, um des letzten Zieles wegen will. Der notwendige Zusammenhang einer derartigen Willensrichtung mit der Glückseligkeit einzusehen, bietet keine Schwierigkeit. Das letzte Ziel kann niemand erreichen, welcher nicht in all' seinem Begehren immer auf dasselbe hingeordnet ist. Schwieriger ist es, in dieser Frage das Verhältnis des Aristoteles und des Aquinaten klar zu legen. Es unterliegt keinem Zweifel, dafs sich der Kern des Gedankens bei Aristoteles findet. Wir gehen nicht fehl, wenn wir unsere Aufmerksamkeit auf den $\mathit{\mathring{o}\varrho\vartheta\grave{o}\varsigma}$ $\mathit{\lambda\acute{o}\gamma o\varsigma}$ richten. Nicht minder scheint im Tugendbegriff des Stagiriten etwas Ähnliches eingeschlossen zu sein; denn durch die Tugend wird der Mensch nicht blofs befähigt, etwas gut und vollkommen zu vollbringen, sondern auch $\mathit{\mathring{o}\varrho\vartheta\tilde{\omega}\varsigma}$, was kaum etwas anderes besagt, als: einer Handlung ihre rechte Beziehung geben. Diese rechte Beziehung geht aber auf das Ziel und wird durch die Tugend ermöglicht: $\mathit{\mathring{\eta}\ \mu\grave{\varepsilon}\nu\ \mathring{a}\varrho\varepsilon\tau\grave{\eta}\ \tau\grave{o}\nu\ \sigma\kappa o\pi\grave{o}\nu\ \pi o\iota e\tilde{\iota}\ \mathring{o}\varrho\vartheta\grave{o}\nu,\ \mathring{\eta}\ \delta\grave{\varepsilon}\ \varphi\varrho\acute{o}\nu\eta\sigma\iota\varsigma\ \tau\grave{a}}$ $\mathit{\pi\varrho\grave{o}\varsigma\ \tau o\tilde{v}\tau o\nu.}$[1]) Demgemäfs setzt die $\mathit{\varphi\varrho\acute{o}\nu\eta\sigma\iota\varsigma}$ die $\mathit{\mathring{a}\varrho\varepsilon\tau\acute{\eta}}$ (hier ethische Tugend) voraus, wie Thomas auch von der Klugheit (Einsicht) lehrt, sie habe die „rectitudo voluntatis" zur Grundlage.[2])

Soweit stimmen Thomas und Aristoteles anscheinend überein. Gehen wir etwas tiefer, so finden wir eine prinzipielle Verschiedenheit. Wonach wird die „rectitudo voluntatis" beurteilt? Thomas sagt ganz richtig, dafs es dafür ein Mafs geben müsse. Nach Aristoteles ist dieses Mafs die Vernunft, welche unter Zuhilfenahme der Erfahrung die

---
[1]) Eth. Nic. VI. 1144 a 9.
[2]) S. th. 2, 2 q 47 a 4.

rechte Mitte bestimmt.[1]) Einen höheren Grund für die ὀρθότης, für die „Sittlichkeit" findet er nicht. Thomas verlangt ein übermenschliches, göttliches Prinzip der Sittlichkeit. Über dem ὀρθὸς λόγος steht noch ein anderer λόγος, die „lex aeterna", welche sich in der menschlichen Vernunft offenbart und dadurch die Sittlichkeit einer Willensrichtung begründet.[2])

Mit der „rectitudo voluntatis" ist die Notwendigkeit des sittlichen Handelns, die Notwendigkeit der moralischen Tugenden und deren Verhältnis zur Glückseligkeit dargelegt. Um wahrhaft glückselig zu werden, genügt nicht das blofse Wissen, es ist auch die Sittlichkeit des Charakters erforderlich.

Aus dem Wesen der Glückseligkeit als einer Thätigkeit des Intellektes ergibt sich von selbst, dafs für die auf Erden erreichbare, unvollkommene Glückseligkeit sowohl leibliches Leben überhaupt als auch körperliche Gesundheit und vorteilhafte Disposition des Körpers notwendig sind. Es wird ja jede Thätigkeit des spekulativen Intellektes von einer Thätigkeit der Phantasie begleitet, und da die Glückseligkeit in der Übung der vollendeten Tugend besteht, so ist auch notwendig eine Gesundheit des Leibes und eine solche Disposition desselben, durch welche die Thätigkeit des Intellektes besonders gefördert wird.[3]) Da Aristoteles nur die Glückseligkeit des Lebens auf Erden im Auge hat, kommt er auf die Frage, ob ohne den Leib eine Glückseligkeit möglich sei, nicht zu sprechen. Der hl. Thomas hat sich dadurch es ermöglicht, diese Frage zu bejahen, dafs er eben das Wesen der vollendeten Glückseligkeit nicht in den spekulativen

---

[1]) Eth. Nic. II. 1106 b 36: ἔστιν ἡ ἀρετὴ ἕξις προαιρετική, ἐν μεσότητι οὖσα τῇ πρὸς ἡμᾶς, ὡρισμένῃ λόγῳ καὶ ὡς ἂν ὁ φρόνιμος ὁρίσειεν.
[2]) S. th. 1, 2 q 19.
[3]) S. th. 1, 2 q 4 a 5 und 6.

Wissenschaften suchte, sondern in einem übernatürlichen, unmittelbaren Schauen Gottes, welches sich nicht in Abhängigkeit von der Thätigkeit der Phantasie, sondern rein geistig vollzieht.

Gleich dem aristotelischen Urteil über die Notwendigkeit der äufseren Güter zur Glückseligkeit ist das des hl. Thomas. Sie sind notwendig zur unvollkommenen Glückseligkeit dieses Lebens, aber nicht „quasi de essentia beatitudinis existentia, sed quasi instrumentaliter deservientia beatitudini.[1]) Thomas citiert hier selbst: τῶν λοιπῶν ἀγαϑῶν τὰ μὲν ὑπάρχειν ἀναγκαῖον, τὰ δὲ σύνεργα καὶ χρήσιμα πέφυκεν ὀργανικῶς.[2]) Sowohl zum beschaulichen als thätigen Leben sind die äufseren Güter notwendig, jedoch nicht in grofser Menge, besonders nicht zum beschaulichen Leben. Der hl. Thomas findet hiefür in der Parallele zwischen der vollkommenen und unvollkommenen Glückseligkeit einen besonderen Grund: im Zustande der vollkommenen Glückseligkeit bedarf der Mensch der äufseren Güter nicht; weil das beschauliche Leben am meisten dem vollkommen glückseligen ähnlich ist, deshalb bedarf es auch seiner Natur nach am wenigsten derselben.

Ebenso schliefst sich Thomas in seinem Urteil über die Freundschaft an Aristoteles an. Handelt es sich um die unvollkommene Glückseligkeit, so bedarf der Mensch der Freunde, aber nicht um des Nutzens willen; denn er ist sich selbst genug. Auch nicht um der Lust willen; denn diese liegt in seiner eigenen Thätigkeit. Gleichwohl aber gewährt die Freundschaft viele Vorteile. Es bedarf der Mensch der Freunde, dafs er ihnen Wohlthaten spende; indem er ihre edlen Handlungen beobachtet, sich an denselben ergötze und von ihnen in seinem wissenschaftlichen

---

[1]) l. c. a 7.
[2]) Eth. Nic. I. 1099 b 27.

Streben unterstützt werde. Die Notwendigkeit, von Freunden unterstützt zu werden, fällt nach Augustin und Thomas allerdings im Zustande vollkommener Glückseligkeit weg, nicht aber jener andere Vorteil, nämlich die Freude, welche daraus entspringt, auch einen anderen glücklich zu sehen. Darum ist auch im vollendeten Zustande noch Freundschaft notwendig.

Fünfter Abschnitt.

Von der Möglichkeit einen glückseligen Zustand zu erreichen und zu behaupten.

Das Resultat der aristotelischen Untersuchung über das Wesen der Glückseligkeit macht die Antwort auf die Frage, ob es dem Menschen möglich sei, die Glückseligkeit zu erreichen und zu behaupten, äufserst schwierig. Das natürliche Verlangen des Menschen verlangt eine bejahende Antwort, die Umstände des Lebens aber weisen sofort die gröfsten Schwierigkeiten auf. Es läfst sich wohl nicht läugnen, dafs auch Aristoteles dieser Schwierigkeiten, welche sich gegen seine Theorie erheben müssen, sich bewufst war; diese Schwierigkeiten sind so grofs, dafs sie die Möglichkeit einer Verwirklichung des geforderten glückseligen Zustandes wenigstens für den weitaus gröfsten Teil der Menschheit vollständig aufheben. Es darf nicht wundern, wenn in diesem Punkte der Aquinate vollständig einer anderen Ansicht als der Stagirite ist.

Die Hauptdifferenzpunkte scheinen folgende zwei zu sein: Thomas wahrt der Glückseligkeit den Charakter der Allgemeinheit, welchen Aristoteles nicht aufrecht erhalten kann; Thomas verlegt, wie schon wiederholt bemerkt worden, die Verwirklichung des glückseligen Zustandes in die Zeit nach dem Tode, wodurch als Ursache der Glückseligkeit Gott er-

scheint, und die Tugend in ein anderes Verhältnis zur Glückseligkeit gerückt wird als bei Aristoteles. Aristoteles fordert mit Recht von dem glückseligen Zustand, dafs er bleibend sei und als gemeinsames natürliches Ziel aller Menschen von jedem Einzelnen erreicht werden könne.¹) Hätte nun Aristoteles die Beseligung des Menschen dem Einflusse der Götter zugeschrieben, so wäre es ein Leichtes gewesen, die Möglichkeit der Glückseligkeit aufrecht zu erhalten. Doch dieser Gedanke schien Aristoteles zu fremdartig, obwohl er zugibt, dafs, wenn die Götter überhaupt dem Menschen etwas verleihen, die Glückseligkeit als höchstes Gut am ehesten als ein Geschenk der Götter zu betrachten sein würde.²) Indem Aristoteles aber die Tugend als Ursache der Glückseligkeit erklärt, sieht er sich genötigt, die Allgemeinheit der Glückseligkeit einzuschränken, obwohl er anderseits gerade deshalb die Tugend als Ursache annehmen will, weil dann die Glückseligkeit ein Gemeingut der Menschheit würde, insoweit die Menschen für die Tugend empfänglich seien; die Tugend könne sich ja jeder durch Übung und Lernen aneignen.³) Das letztere ist eben nicht der Fall; Aristoteles schliefst selbst von vornherein Sklaven und Kinder von der Glückseligkeit aus, nennt letztere nur insofern glücklich, als sich von ihnen hoffen lasse, dafs sie die Glückseligkeit erlangen werden,⁴) und mufs zugestehen,

---

¹) Eth. Nik. I. 1100 b 11: περὶ οὐδὲν γὰρ οὕτως ὑπάρχει τῶν ἀνθρωπίνων ἔργων βεβαιότης ὡς περὶ τὰς ἐνεργείας τὰς κατ' ἀρετήν · μονιμώτεραι γὰρ καὶ τῶν ἐπιστημῶν αὗται δοκοῦσιν εἶναι und I. 1099 b 15: τὸ γὰρ τῆς ἀρετῆς ἆθλον καὶ τέλος ἄριστον εἶναι φαίνεται καὶ θεῖόν τι καὶ μακάριον. εἴη δ'ἂν καὶ πολύκοινον · δυνατὸν γὰρ ὑπάρξαι πᾶσι τοῖς μὴ πεπηρωμένοις πρὸς ἀρετὴν διά τινος μαθήσεως καὶ ἐπιμελείας.

²) ib. I. 1099 b 11: εἰ μέν οὖν καὶ ἄλλο τί ἐστιν θεῶν δώρημα ἀνθρώποις, εὔλογον καὶ τὴν εὐδαιμονίαν θεόσδοτον εἶναι καὶ μάλιστα τῶν ἀνθρωπίνων ὅσῳ βέλτιστον.

³) ib. I. 1099 b 15.

⁴) ib. I. 1100 a: διὰ ταύτην δὲ τὴν αἰτίαν οὐδὲ παῖς εὐδαίμων ἐστίν ·

dafs selbst solche, welche die Tugend besitzen, dennoch durch harte äufsere Schicksalsschläge der Glückseligkeit verlustig gehen können.[1]) Fügen wir hinzu, dafs es den wenigsten Menschen möglich ist, gerade jene Tugend sich zu erwerben, die als das wesentliche Moment der Glückseligkeit erklärt wird, nämlich die σοφία, so schwindet der Charakter der Allgemeinheit gänzlich dahin. Dazu kommt dann noch als grofse Schwierigkeit, dafs auch durch die Kraft der Tugend die Glückseligkeit nicht als bleibender Zustand behauptet werden kann, da die dianoëtischen Tugenden durch Vergefslichkeit oder jedenfalls mit dem Ende des Lebens verloren gehen. So sehr sich demnach Aristoteles bemüht, die Glückseligkeit so zu bestimmen, dafs sie Gemeingut aller Menschen sein könnte, so wenig gelingt es ihm, ihr den Charakter der Allgemeinheit und der ununterbrochenen Dauer zu wahren.

Der hl. Thomas beginnt damit die vorliegende Frage zu beantworten, dafs er sagt, in des Menschen Natur seien die wesentlichen Bedingungen gegeben, die Glückseligkeit zu erlangen. Diese sind seine geistige Erkenntniskraft, durch welche das allgemeine Gut erfafst und das dementsprechende geistige Begehren, dessen Objekt das allgemeine Gut ist.[2]) In einem späteren Artikel beweist er auch, wie alle Men-

οὔπω γὰρ πρακτικὸς τῶν τοιούτων διὰ τὴν ἡλικίαν, οἱ δὲ λεγόμενοι διὰ τὴν ἐλπίδα μακαρίζονται.

[1]) ib. I. 1101 a 5: εἰ δ᾽οὕτως, ἄθλιος μὲν οὐδέποτε γένοιτ᾽ ἂν ὁ εὐδαίμων, οὐ μὴν μακάριός γε, ἂν Πριαμικαῖς τύχαις περιπέσῃ.

[2]) S. th. 1, 2 q 5 a 1: Respondeo dicendum quod beatitudo nominat adeptionem perfecti boni. Quicumque ergo est capax perfecti boni, potest ad beatitudinem pervenire. Quod autem homo boni perfecti sit capax, ex hoc apparet, quod eius intellectus potest comprehendere universale et perfectum bonum, et eius voluntas appetere illud; et ideo homo potest beatitudinem adipisci. Apparet etiam idem ex hoc quod homo est capax visionis divinae essentiae, sicut in primo habitum est (quaest. XII. art. 1). In qua quidem visione perfectam hominis beatitudinem consistere diximus.

schen von dieser natürlichen Anlage Gebrauch machen, allerdings nicht mit Ausschluſs des Irrtums, das im Begriffe erfaſste allgemeine Gut in einem anderen als in dem einzig wahren Gute realisiert zu wähnen.[1])

Die weitere Frage, ob der eine mehr, der andere minder glücklich werden könne, hat für uns keine besondere Bedeutung, mehr aber die im 3. Artikel der fünften Quästion behandelte: nämlich, ob die Menschen in diesem Leben die Glückseligkeit erreichen können. Es kam im 3. Abschnitte die Verschiedenheit der thomistischen und aristotelischen Anschauung in diesem wichtigen Punkte schon zur Sprache; so können wir uns hier kurz fassen. Wenn auch Thomas zugesteht, daſs eine gewisse unvollkommene Glückseligkeit der Mensch in diesem Leben durch seine natürlichen Kräfte erreichen kann, so bewegen ihn verschiedene Gründe, wie der Ausschluſs jeglichen Übels und die Befriedigung jeglichen Verlangens, welche Momente im Wesen der Glückseligkeit liegen, der Charakter der Unvergänglichkeit und ununterbrochenen Dauer, welcher nicht minder der Glückseligkeit eigen sein muſs: diese Gründe bewegen dazu, zu behaupten, des Menschen vollkommene Glückseligkeit und sein letztes Ziel seien nicht in diesem Leben zu erreichen.[2]) Es sind dies Eigenschaften der Glückseligkeit, welche alle der Aquinate dem Stagiriten entnimmt und welche auch letzterem, wie schon oben bemerkt, die von Thomas vertretene Ansicht nahegelegt hätten. Von Interesse ist besonders die Verwertung einer Stelle des Aristoteles durch Thomas für seine Anschauung. Aristoteles sagt nämlich von der Glückseligkeit, sie bestehe in einer $\mathit{\dot{\varepsilon}\nu\acute{\varepsilon}\varrho\gamma\varepsilon\iota\alpha\ \tau\tilde{\eta}\varsigma\ \psi\upsilon\chi\tilde{\eta}\varsigma\ \varkappa\alpha\tau'\ \dot{\alpha}\varrho\varepsilon\tau\dot{\eta}\nu\ \varkappa\varrho\alpha\tau\acute{\iota}\sigma\tau\eta\nu\ \dot{\varepsilon}\nu\ \tau\varepsilon\lambda\varepsilon\acute{\iota}\hat{\wp}\ \beta\acute{\iota}\hat{\wp}}$.[3]) Die Erklärung dieses Zusatzes $\mathit{\dot{\varepsilon}\nu\ \tau\varepsilon\lambda\varepsilon\acute{\iota}\hat{\wp}\ \beta\acute{\iota}\hat{\wp}}$ macht groſse Schwierigkeiten.[4]) Der fol-

---
[1]) S. th. 1, 2 q 5 a 6.
[2]) S. th. 1, 2 q 5 a 3.
[3]) Eth. Nik. I. 1098 a 16.
[4]) Arleth im Archiv für Gesch. d. Phil. II. pg. 13 f.

gende Zusatz des Aristoteles: eine Schwalbe macht keinen Sommer und ein glücklicher Tag keinen Glückseligen,¹) ferner der andere Ausdruck, den Aristoteles in demselben Sinne einmal gebraucht, nämlich, $\dot{\varepsilon}\nu\ \tau \varepsilon \lambda \varepsilon i \omega$ $\chi\varrho \acute{o} \nu \omega$,²) scheint darauf hinzudeuten, dafs Thomas mit seiner in dem Commentar zur Nikomachischen Ethik gegebenen Erklärung den Sinn des Stagiriten ziemlich getroffen habe³). Er hat die Übersetzung „in vita perfecta" und stellt diese Fassung gleich dem: „per totam vitam", mehr die continuierliche und ununterbrochene Dauer als die Länge der Lebenszeit betonend. In dem Ausdruck $\dot{\varepsilon}\nu\ \tau \varepsilon \lambda \varepsilon i \omega\ \beta i \omega$ scheint weniger eine Lebenszeit gemeint zu sein, welche notwendig ist, um durch Erwerb der Tugend die Vollkommenheit und damit die Glückseligkeit zu erlangen — werden doch die Kinder schon von vorneherein ausgeschlossen — als vielmehr eine Lebenszeit, welche auf den Zeitabschnitt der Ausbildung folgt und welche ununterbrochen währen soll, soll sie $\tau \acute{\varepsilon} \lambda \varepsilon \iota o \varsigma$: vollkommen sein. Der nämliche Grund nun aber, mit welchem Thomas an besagter Stelle aus der Natur des Menschen beweist, warum der Mensch nicht mit einem augenblicklichen glückseligen Zustand zufrieden ist, sondern eine ununterbrochene Dauer desselben fordert, ist hinreichend, überhaupt die Glückseligkeit nicht in diesem endlichen Leben zu suchen: hoc enim naturaliter appetitus habentis intellectum desiderat, utpote apprehendens non solum esse ut nunc sicut sensus, sed etiam simpliciter. Cum autem esse sit secundum seipsum appetitibile, consequens est, quod sicut animal

---

¹) Eth. Nik. I. 1098 a 18: $\mu i\alpha\ \gamma \grave{\alpha} \varrho\ \chi \varepsilon \lambda \iota \delta \grave{\omega} \nu\ \check{\varepsilon} \alpha \varrho\ o \grave{v}\ \pi o \iota \varepsilon \tilde{\iota},\ o \grave{v} \delta \grave{\varepsilon}\ \mu i \alpha$ $\dot{\eta} \mu \acute{\varepsilon} \varrho \alpha \cdot o \ddot{v} \tau \omega\ \delta \grave{\varepsilon}\ o \dot{v} \delta \grave{\varepsilon}\ \mu \alpha \varkappa \acute{\alpha} \varrho \iota o \nu\ \varkappa \alpha \grave{\iota}\ \varepsilon \dot{v} \delta \alpha i \mu o \nu \alpha\ \mu i \alpha\ \dot{\eta} \mu \acute{\varepsilon} \varrho \alpha\ o \dot{v} \delta'\ \dot{o} \lambda i \gamma o \varsigma$ $\chi \varrho \acute{o} \nu o \varsigma$.
²) ib. I. 1101 a 12.
³) Einen Beleg hiefür finde ich auch 1101 a 12: $\dot{\varepsilon} \nu\ \pi o \lambda \lambda \tilde{\omega}\ \chi \varrho \acute{o} \nu \omega$ $\varkappa \alpha \grave{\iota}\ \tau \varepsilon \lambda \varepsilon i \omega$.

per sensum apprehendens esse ut nunc appetit nunc esse, ita etiam ut homo per intellectum apprehendens esse simpliciter appetit esse simpliciter, non ut nunc.[1])

Aus dem bisher Gesagten ergibt sich von selbst, dafs Thomas eine **Verlierbarkeit der irdischen Glückseligkeit** lehren mufs; es sei nur kurz darauf hingewiesen, dafs er sich hierin auch insofern ganz dem Statigiriten anschliefst, als er ihm auch die Erklärung entlehnt. Wegen der Vergefslichkeit kann die spekulative Thätigkeit verloren, wegen der Veränderlichkeit des Willens die Tugend zu grunde gehen; und wenn die Tugend erhalten bleibt, können äufsere Schicksalsschläge die Glückseligkeit trüben, wenn auch deren Glanz durch das Unglück durchleuchten wird, da der wahrhaft Tugendhafte das Unglück standhaft und löblich ertragen wird.[2])

Kann die Glückseligkeit in vollkommener Weise nicht in diesem Leben verwirklicht werden, so erscheint es von selbst klar, dafs nicht der Mensch, sondern nur Gott als Urheber und Ursache derselben gelten kann. Sie ist ein Geschenk Gottes, wenn auch die irdische und unvollkom-

---

[1]) S. Thomas. Com. l. c. lib. I. l. 10.
[2]) S. th. 1, 2 q 5 a 4: Respondeo dicendum quod si loquamur de beatitudine imperfecta, qualis in hac vita potest haberi, sic potest amitti. Ex hoc patet in felicitate contemplativa, quae amittitur vel per oblivionem, puta cum corrumpitur scientia ex aliqua aegritudine, vel per aliquas occupationes, quibus totaliter abstrahitur aliquis a contemplatione. Patet etiam idem in felicitate activa. Voluntas enim hominis transmutari potest, ut videlicet degeneret a virtute, in cuius actu principaliter consistit felicitas. Si autem virtus remanet integra, exteriores transmutationes possunt quidem beatitudinem talem perturbare, inquantum impediunt multas operationes virtutum; non tamen possunt eam totaliter auferre, quia adhuc remanet operatio virtutis, dum ipsas adversitates homo laudabiliter sustinet und Eth. Nik. 1100 b 30: ὅμως δὲ καὶ ἐν τούτοις διαλάμπει τὸ καλόν, ἐπειδὰν φέρῃ τις εὐκόλως πολλὰς καὶ μεγάλας ἀτυχίας, μὴ δι᾽ ἀναλγησίαν, ἀλλὰ γεννάδας ὢν καὶ μεγαλόψυχος.

mene ein Werk des Menschen ist. Die unmittelbare Anschauung der göttlichen Wesenheit geht eben über alle natürlichen Kräfte der geschaffenen Substanzen.[1]) Wenn aber auch der Mensch durch seine eigene Thätigkeit die vollkommene Glückseligkeit nicht erreichen kann, so wird von seiner Seite doch eine gewisse Disposition gefordert, welche in der „rectitudo voluntatis" liegt und durch Übung der Tugenden erworben wird.[2]) So erscheint die Glückseligkeit als Lohn der Tugend. Deshalb zitiert der Aquinate auch so häufig den Satz des Stagiriten: beatitudo est praemium virtuosarum operationem[3]) — τῆς ἀρετῆς ἆθλον ἡ εὐδαιμονία.[4]) Allerdings kann Gott auch die richtige Disposition und Empfänglichkeit für die Glückseligkeit verleihen; doch ist dies nicht das Gewöhnliche. Der zum Vernunftgebrauche gelangte Mensch muſs durch eigene Thätigkeit die Glückseligkeit als Lohn und Kampfpreis sich erwerben.[5])

Dem äuſseren Anscheine nach mag es den Eindruck machen, als ob Thomas von Aristoteles den Gedanken, die Glückseligkeit sei der Lohn für die tugendhaften Werke, ohne jegliche Modifikation herübergenommen habe. Aus den Äuſserungen des Aquinaten, resp. aus der Art, wie er den aristotelischen Satz anwendet, könnte man auch zu dem Schlusse kommen, Thomas sei sich des Unterschiedes, welcher zwischen der Bedeutung dieses Satzes in seinem System und in dem des Aristoteles besteht, kaum bewuſst

---

[1]) S. th. 1, 2 q 5 a 5 und 6.
[2]) l. c. a 7.
[3]) l. c. a 7 sub fine.
[4]) Eth. Nik. 1. 1099 b 16.
[5]) l. c. a 7: posset enim Deus simul facere voluntatem recte tendentem in finem et finem consequentem (1); sicut quandoque simul materiam disponit et inducit formam. Sed ordo divinae sapientiae exigit ne hoc fiat.

gewesen; citierte er ihn doch immer so, als ob er in gleicher Bedeutung bei Aristoteles sich fände.[1]) Und doch ist der Unterschied ein tiefgreifender. Bei Aristoteles erscheint die Glückseligkeit insofern als Kampfpreis und Lohn der Tugend, als sich erstere unmittelbar mit letzterer verbindet oder vielmehr in derselben ihren Bestand hat. Sie ist nicht die Gabe Gottes, welche auf Grund des Verdienstes dem Menschen als Lohn verliehen wird. In diesem Sinne aber ist nach Thomas die Glückseligkeit „Lohn der Tugend". Der Begriff des sittlichen Verdienstes fehlt bei Aristoteles, während Thomas denselben ganz entschieden festhalten und hervorheben mufs, auch wirklich in der entsprechenden Weise betont.

Es kann übrigens doch bemerkt werden, dafs dem Aquinaten dieser Unterschied nicht entging; es ist nicht seine Art, viel gegen Aristoteles zu polemisieren; selten weist er auf einen Mangel beim Stagiriten hin wie z. B. S. c. g. III cp. 48; oft geht er stillschweigend darüber weg; ergänzt ohne Kritik oder fasst, wenn es möglich, wie in diesem Falle, die Ausdrucksweise des Stagiriten so, als ob sie seinen eigenen Gedanken enthielte.

---

[1]) a 7 und a. a. O.